U0529893

刘滴川 著

写给青少年的中国上古史

神话时代与中华文明起源

（上）

浙江人民出版社

目 录

上

前 言：

什么是太古？　　　　　　　　　　　　　　001

第一章

前三皇时代：天皇、地皇、人皇

1. "皇"字的来历　　　　　　　　　　　　009
2. 三皇到底是谁？　　　　　　　　　　　　015

3. 天下不只有三皇　　　　　　　　　　020

4. 有巢氏、葛天氏　　　　　　　　　　022

5. 燧人氏　　　　　　　　　　　　　　028

第二章

三皇之首：太昊伏羲

1. 从母系社会走来的始祖　　　　　　　039

2. 婚姻制度改变历史走向　　　　　　　057

3. 伏羲与河图洛书之谜　　　　　　　　066

4. 女娲与盘古，都是大葫芦　　　　　　081

第三章

走出神话时代

1. 炎帝神农氏　　　　　　　　　　　　105

2. 黄帝轩辕氏　　　　　　　　　　　119

3. 阪泉之战　　　　　　　　　　　　126

4. 蚩尤之战　　　　　　　　　　　　138

第四章

从黄帝到禹：君主时代到来了

1. 合符釜山与龙图腾的诞生　　　　　151

2. 国家的建立　　　　　　　　　　　166

3. 从氏族社会到阶级社会：五帝时代的社会主题　　174

4. 少昊金天氏的即位之谜　　　　　　181

5. 鲧禹治水与大洪水时代　　　　　　201

6. 羲和浴日与尧历　　　　　　　　　221

7. 《山海经》：祖先们的国土资源考察成果　　239

8. 尧舜禹的禅让之谜　　　　　　　　252

前　言：什么是太古？

西方人往往将欧洲史分为三个大的历史时期：上古、中古和近古。上古、中古的分界标志是西罗马帝国的衰亡，而中古、近古的分界标志是文艺复兴。这一点，中国与欧洲不太一样，我们古代史很少有这样的分期方式，因为秦汉以后的中国历代王朝普遍追求大一统，在政治上高度强调正统性，所以中国古代史的历史分期主要以先秦、秦汉、隋唐、宋元、明清这样按正统王朝的兴替来断代分期，即便是魏晋南北朝和五代十国这些缺乏统一政权的特例，这些历史分期的命名也是主要参考当时的割据政权。但在整个中国古代史中，唯独有这么一段，与欧洲历史的表述类似。这就是王朝出现前的历史，也就是中国史前史的前一半，我们称之为太古。它是中国古代史的第一个历史分期，也是古人眼中的华夏伊始，是传说中中国历史的开端。

无论是早一些的《史记·五帝本纪》《〈史记〉三家注》，还是晚一些的《路史》《绎史》的相关章节，对于太古史的描述总体不算太好。所有太古史的内容都是后代史官从遥远的传说中整理出来的,所以往好了说,内容显得虚无缥缈,往坏了说,时间、地点、人物基本没有一样能完整交代清楚的,甚至不乏反科学的表述。就拿太古最经典的传说模板——感生神话(一种讲述上古男性始祖诞生的神话类型,标准情节是:某女通过身体或者五官感受到某种事物或某种意念而受孕,从而诞下上古男性始祖)来说吧,某个女性走在路上,只要看见点儿什么、踩着点儿什么,或者夜里梦见点儿什么,就能生个孩子,而且生出来的孩子都很有出息,比如伏羲、黄帝、后稷,等等。

> 太昊包羲氏……母曰华胥,履大人迹于雷泽,而生包牺于成纪。
>
> ——唐·司马贞《史记·补三皇本记》

> 黄帝……母曰附宝,之祁野,见大电绕北斗枢星,感而怀孕,二十四月而生黄帝于寿丘。
>
> ——南朝宋·裴骃《史记集解》

这种不符合生理科学常识的传说,也让古代的史官犯难。把传说记进正史,严重影响著作的科学性、严肃性。可这些人又都是华夏文明的创祖,要是不记,后面的历史怎么写?如此,古代的史官和前代的研究者、读者就集体无意识地把这个棘手的问题一代代地传了下来，如今传到了我们手上。那么，我们有没有办法能不再装糊涂呢？

其实是有的。如果我们能够了解、掌握一些神话特有的基本表述方式，再结合对原始文化的基本认知，就可以透过荒诞的神话传说，洞见传说背后的真实历史。更何况，今天我们不仅利用历史文献，还可以依靠考古学、人类学的相关研究去佐证史前史。在这套书中，我们就通过这样的方式拨开太古的迷雾，靠近更真实的、科学的太古。

太古虽然久远，但它也有上限。如果以当前人类学、考古学的角度去看，太古的上限始于晚期智人进化的完成。何为晚期智人呢？就是解剖结构上和现代人一样，外表看着一样，但内心比现代人更"纯真"的那种。这是太古的上限。

太古的下限截止到传说中的王朝诞生。有国家，有政权，有制度化的最高权力交接规则，按中国古人的说法，历史到了"家国天下"时，太古史就结束了。

如果有朋友觉得这种表述还是有点儿抽象，那换一些大家耳熟能详的名词，北京猿人（最正宗的"老北京"，户籍所在地为北京市房山区周口店，生活时代为距今七十万年至二十万年之间，直立人，会用天然火，制造打制石器）大家都很熟悉，他们的历史就不属于太古史，但其后的山顶洞人（比较正宗的"老北京"，户籍所在地也是北京市房山区周口店，生活时代为距今三万年前后，晚期智人，日常打猎捞鱼，会生火，也会用针缝缝补补，还会做饰品穿衣打扮）的历史就属于太古史的研究范围了，因为山顶洞人属于旧石器时代晚期，华夏民族的原始先民所经历过的整个旧石器时代都涵盖在太古的范畴内。

那么，旧石器时代以后的新石器又算不算太古呢？

有些算，有些就不算了。比如黄河中游、中原地区的裴李岗文化（黄河中游的新石器文化，距今八千年至七千年，是仰韶文化的源头之一）、仰韶文化（黄河中游的新石器文化类型，距今七千年至五千年，因1921年首次发现于河南省渑池县仰韶村而得名），黄河上游的马家窑文化（黄河上游的新石器时代晚期文化，年代为公元前3300年至公元前2050年，是仰韶文化庙底沟类型向西发展的一种地方类型，是齐家文化的源头之一，因1924年首次发现于甘肃省临洮县的马家窑村而得名，有精美的彩陶器），黄河中下游的龙山文化（黄河中下游的新石器文化，年代为公元前2500年至公元前2000年，因1928年首次发现于山东省济南市历城县龙山镇而得名，是石、铜并用的史前文化），更北方的红山文化（以辽河流域中支流西拉沐沦河、老哈河、大凌河为中心，是东北地区西南部的新石器文化，距今六千年至五千年，是华夏玉文化和龙图腾重要源头之一），这都包含在太古史范畴内。但夏墟二里头遗址（夏朝的首都之一，史前中国最宏大的一座王城，距今三千八百年至三千五百年，位于河南省偃师市）就在太古之后了。二里头遗址称"夏墟"，也就是夏朝的历史遗迹，而夏朝已经是中国古代历史传说中的第三个王朝了，夏朝是一个王朝，有国家、有国号，所以夏朝的历史就不属于太古了。

最早界定太古史的人是东汉经学家郑玄，郑玄在注《仪礼》"太古冠布"（冠布：白布做的冠）一句时明确指出："唐、虞以上曰太古。"唐，就是传说中尧建立的王朝。虞，就是传说中舜建立的王朝。古人认为，唐、虞、夏是中国最早的三个王朝。可见，古代史学领域所说的太古也是以传说中的王朝的建立作为下限的。

山顶洞人头骨 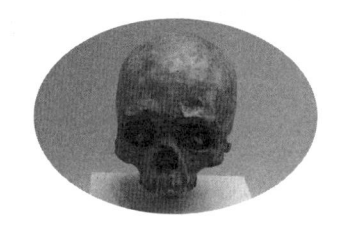　　　　　　　柳江人头骨

山顶洞人属于晚期智人，头骨已经和现代人的头骨没什么区别了；他们的脑容量在1300毫升至1500毫升之间，数值上也和现代人差不多。山顶洞人还是黄种人。

柳江人也属于晚期智人，生活在距今7万年前后，可比山顶洞人早得多。1958年9月，柳江人遗址被发现于广西壮族自治区柳江县（现为柳江区）的一个小溶洞里，溶洞内还出土了一具完整的熊猫骨架。对，柳江人居然吃熊猫。

以上我们明晰了太古的时间范畴，算是为太古史开了一个小头儿，接下来我们就正式开始讲述太古史的第一个细分期。

大古冠布，齐则缁之。其緌也，孔子曰："吾未之闻也，冠而敝之可也。"

——《仪礼·士冠礼》

太古时戴白布冠，祭祀斋戒，则染成黑色。关于这种冠缨下的緌饰，孔子说："我没有听说过这种冠有緌饰这种事。"行加冠礼之后，缁布冠就可以弃置不用了。

第一章

前三皇时代：天皇、地皇、人皇

1. "皇"字的来历

太古的第一个历史细分期可称作"前三皇时代"。

"前三皇时代"只是我个人的提法。因为如果按照古代史书,这段历史原题应是"天皇氏、地皇氏、人皇氏"。但以此作为标题,不只烦冗饶舌,而且不够科学。我们先来解释一下这三个"皇"的性质,所谓"三皇",究竟是具体的人,还是指代"王朝"性质的历史时代,或是其他。

说到"皇"字,大家都不陌生。中国帝制的历史虽已远去,但帝制文化依旧活跃在现实生活中。一言以蔽之,今人言"皇",首先想到的是人,是皇帝。皇代表君主,基本等同于帝和王。而"皇"的这一概念之所以深入人心,与"皇帝"这一尊号息息相关。中国最早称皇帝的人是秦始皇嬴政,根据《史记·秦始皇本纪》的记载,秦朝统一六国以后,丞相王绾、御史大夫冯劫、廷尉李斯等人想要让秦王拥有一个至高无上的尊号,于是就上奏嬴政,说:"您开创的是太古以来从未有过的功业，就连传说中的五帝都比不上。我们几个跟博士官商量了一下，太古时有天皇氏、地皇氏和泰皇氏之说，其中泰皇氏最伟大，要不我们管您叫泰皇吧。"这个泰皇其实就是后来古人说的人皇。结果嬴政不想跟泰皇重名，就干脆从天皇、地皇、泰皇三位里挑了个"皇"字，又从五帝里挑了个"帝"字，组成了"皇帝"这一尊号。这是"皇帝"这个中国古代社会至高无上的尊号的由来。但是，我们要注意的是，皇帝的"皇"所包含的帝王、君主的意思，并不是"皇"字的本义，而是因为天、地、人这三位称了"皇"所引申出来的意义。那当年，天、地、人为什么称"皇"呢？

右图是一件地方玉牙黄玉的玉雕，双面雕刻了相似的龙凤纹：一只长颈、弯喙，有羽冠与长尾的凤鸟，端庄地站立于中央，尾羽自身后弯绕于前。在凤鸟前后飘逸的羽

玉龙凤纹饰件，西周

毛当中，又分别露出一个卷鼻的龙头。两个龙鼻的前端各自雕刻了一束饰有平行线的羽毛纹饰。由太古部落首领所佩戴的羽冠演化为抽象的龙凤所搭配的羽冠，这是羽冠图腾化的表现。

玉质角杯正面，西汉早期　　玉质角杯背面

上图是一件西汉早期的玉质角杯。其造型特殊，可能是受到了匈奴草原文化器皿器形的影响。角杯正面浮雕龙首，龙身则向下蜿蜒，绕过角杯尖底，转向背面。扭丝纹的龙尾最终延伸回正面右侧，并被龙爪所倚踏。角杯的背面雕刻了凤鸟，凤鸟的羽冠利用有限的面积，巧妙穿越龙尾而上，又幻化为花卉纹。可见羽冠从一种部落权力的象征，逐渐演变成了象征吉祥的经典纹样。

"皇"的本义，要从篆字"皇"的构形说起。篆字的"皇"，上面像一个羽冠，也就是插满羽毛的头饰；下面像一个架子，是用来安放羽冠的，与清朝放官帽用的帽桶类似。那羽冠是干什么用的呢？

原始文化图腾崇拜，比如，从太古到西周时，西北有个名为"羌"的部落联盟，羌人崇拜羊，他们的领袖头上就顶着个羊角，这是希望能够通过戴羊角获取图腾羊的神力。所以，华夏人才造"羌"字来指代他们。"羌"字即从"羊"字。崇拜鸟的部落就更多了，中国自古就有凤凰，仅在《山海经》中，就有凤凰、鹓雏、鸾鸟、狂鸟、鸣鸟、翳鸟等十余种凤凰类的禽鸟，这体现了瑞鸟崇拜对象的多样性。还有部落崇拜凶鸟，比如猛禽鸱鸮，也就是自然界中的猫头鹰或者鹰。以黄河流域和长江流域的新石器文化为例，无论是黄河上游甘肃一带的齐家文化、黄河中游的仰韶文化，还是黄河下游山东地区的龙山文化；也无论是长江流域的石家河文化、后石家河文化，还是良渚文化，这些文化中鸟的图腾崇拜现象都非常普遍。这种鸟的图腾崇拜不断发展、交流，传之后世，到了商周时，又逐渐演化成各式各样的鸟纹样，并成为人们喜闻乐见的吉祥纹样。

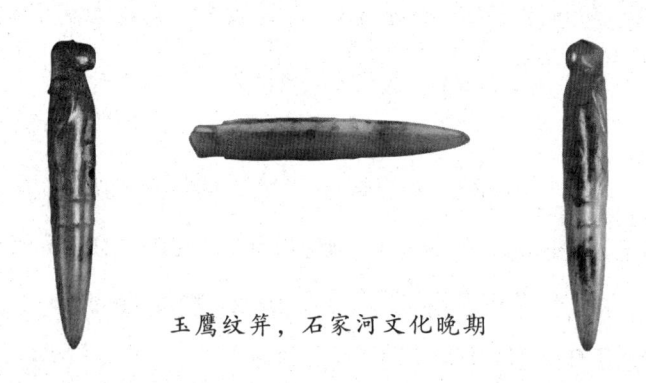

玉鹰纹笄，石家河文化晚期

以鸟为造型或纹饰的玉器，是史前华东各古族祭司们的佩饰和法器，如良渚文化的冠状器和三叉形器等头饰的造型来源都与鸟崇拜有关。石家河文化、后石家河文化的鸟纹笄也是其中的典型器，它们大多描绘的是鸱鸮或鹰类的猛禽站在高处观察猎物、伺机捕猎时双翼并拢的姿态。

玉鸟纹笄，后石家河文化

石家河文化、后石家河文化时期，这种造型的玉笄非常多。它们往往在玉笄的上半部分施以纹饰，而下半部分则保持笄身的素面圆锥体造型。笄是一种古代的束发器，相当于后世的簪。石家河文化、后石家河文化的鸟纹笄在鸟翅叠合处往往钻有一个对穿横孔，这个横孔是用来穿上丝线、缠绕发髻用的。《礼记·玉藻》有云："童子之节也，缁布衣，锦缘，锦绅并纽，锦束发。"以丝线束发，被古人视作华夏民族有别于夷狄的重要标志。据此可见，距今四千多年前，这一地区的人们就已经开始束发了。

石家河文化、后石家河文化时期，鹰纹玉笄较为典型，但这件玉笄笄首部的纹饰风格不清，没有明显的鹰式特征。而且，该件玉笄通体呈褐色斑，应是明晚期至清初期时，被古董商染色的原因。

仰韶文化的陶鹰尊是中国新石器文化时期非常罕见的、直接以鸟类形象为造型的陶器。尊是一种盛酒器。这件尊的造型与鹰的形象浑然一体，鹰腿中空，鹰尾落地，在天然地实现了"三足鼎立"的稳定性的同时，还增加了尊的容量，减轻了尊的重量。

陶鹰尊，仰韶文化

鸟是不死的象征，因为鸟飞翔要靠羽毛，羽毛相当于鸟的器官，而鸟褪了毛，还会长出新的，在原始先民眼中，这就相当于器官再生，象征着生命的周而复始。所以原始人崇拜鸟和鸟的羽毛，用鸟的羽毛做冠就是为了获取鸟的神力。那么，用珍稀鸟类羽毛做成的冠就是祭祀时祭司使用的礼器，礼器象征着鸟，象征图腾的神力和神权。所以天、地、人三位皇，之所以称皇，是因为他们正是佩戴鸟冠的祭司。由此可知，天皇、地皇、人皇是太古时期的祭司，他们戴上羽毛冠就是祭司，摘下来就是普通老百姓。

2. 三皇到底是谁？

他们可以是人，但不会真的是三个人。因为史书里记载，天皇氏统治中国统治了一万八千年，地皇氏也统治了一万八千年，人皇氏最久，统治了四万五千六百年。我们无须纠结数字，原始人大多不太识数，传说中的数字准确的可能性就更小了。但这至少表明了一个问题：天、地、人三皇不可能是三个人，而只可能是三群人。他们是来自三个氏族的很多代的祭司们。三，其实也是个虚指罢了，代表的是多。三个氏族的祭司代表的是许多氏族，天、地、人三皇的交替就是太古数不胜数的氏族的兴替。所以说，天、地、人三皇根本不是人，至少不可能是三个个体的人，只可能是群体。

> 天皇氏以木德王，岁起摄提，无为而化。兄弟十二人，各一万八千岁。地皇氏以火德王，兄弟十二人，各一万八千岁。人皇氏兄弟九人，分长九州，凡一百五十世，合四万五千六百年。
>
> ——元·曾先之《十八史略·卷之一》

司马迁在写《史记》时没有给天、地、人三皇作过传，只是在《史记·秦始皇本纪》里间接提到了他们。而且，秦朝人所讲的三个皇也并不是天皇、地皇和人皇，而是天皇、地皇和泰皇，秦人还特别强调了，太古三皇中，泰皇最伟大。可为什么现在我们称之为天、地、人三皇呢？

给泰皇改名的是唐朝史学家司马贞。司马贞做《史记索隐》时，认为太史公对于五帝以前的传说避而不谈，实在是不合适，于是仿照太史公司马迁的样子，给《史记》补写了一篇《三皇本纪》，后世称为《补三皇本纪》。在这篇"高仿版"的《本纪》里面，他把泰皇改成了人皇。这么做目的很明显了，既然已经有了"天"和"地"，只需把"泰"改成"人"，就可以凑足"天、地、人三才"的说法，起码可以更有教育意义。

为了教育可以篡改历史吗？被篡改了的历史能更好地教育人吗？当然不能，但传说不是历史，传说背后的东西才是历史。想要理解这个问题，就需要了解"天、地、人三才"的概念，"三才"是《易经·说卦》里提出的，天是天机道，地是地脉道，人是人间道，"天、地、人"附会的是《易经》"天人合一"的天命观。中国古人认为，天地之间的各种自然现象，都可以成为人类生活的依归与准则，而反过来，人世中的种种，也都是宇宙的缩影，所以天、地、人，所谓"三才"本就是一体的。《易系辞》云："易之为书也，广大悉备，有天道焉，有人道焉，有地道焉，兼三才而两之，故六六者非他也，三才之道也。"这是古人通过对自身的改进和调整来协调人与自然的平衡、促进和谐发展的一种传统学说。"先王有服，恪谨天命"（先王行事一向恭敬，谨慎地顺从天命。语出《尚书·盘庚上》），这是司马贞给泰皇改名的初衷，他是想以此强说，不以人的意愿为转移的天命正是历史发展的规律。

"天地人"三连青玉环，明代

这件明代院藏三连青玉环正是"三才"观念的视觉创作。其铺平的时候像一个圆璧，由里而外划分为三环：里环的纹样为太阳、星辰与云气，象征着天机道；中环琢龙纹，象征着以君王为主导的人间社会的人间道；外环刻有四方山岳、海波，象征着地脉道。最特殊的一点在于三环可以展开，而展开后天和人、人和地之间，又两两以卡榫相连，三者形成一个球体，类似古代的观天器浑天仪一般。这件玉雕作品以精巧的结构、精密的工艺，承载起精深的文化内容，堪称明代玉雕之上品。这件作品可能出自苏州专诸巷的能工巧匠之手。

按理说，单纯强调唯心主义的宿命论是偏颇的。但在太古，原始先民是单纯依靠打猎、采集为生的，饥一顿饱一顿自不必说。侥幸碰见个猎物的话，如果猎物很小，比如一只野兔、一只野鸡，打回来要是全族分吃，还不够塞牙缝的。可如果猎物很大，狼也好、熊也好，打猎的风险也就变大了，谁吃谁还不一定呢。而且当时的人不怎么会用火，人工取火很难，保存火种更难，因此饮食以生冷的食物为主，这就免不了得个寄生虫病，或者得个肠胃炎。当时，别说医生了，连像样的巫师还都没有，患病得不到治疗。更有甚者，出门猎杀野生动物的时候，碰巧感染了人畜共患的传染病，回到部落以后人传人，可能几天以后，整个部落就自我灭亡了。

除了吃，穿就更不用说了。那时候的人都是基本光着，赶上一场寒流来袭，可能一半的人口就被冻死了。还有住，有条件的会住在山洞里。山顶洞人遗址为什么重要？别看山顶洞人的遗址在北京市房山区，在今天来说属于远郊，但在当年，它相当于明清的紫禁城，绝不是谁家都能住进去的。住不进去的氏族多了，怎么办？只好在外流浪。

可以想见，在这样一种境遇中，原始先民在自然面前的抗争真是微不足道，"恪谨天命"，听天由命，也的确就是这一时期的生存法则。所以，司马贞将泰皇改成了人皇，后世史家也认可了他的修改，他想表达的和后世史家所认可的，是太古时期人在自然面前抗争、逆来顺受的历史，这段历史是真实的，而至于究竟是叫天、地、泰还是天、地、人，字不重要，因为在太古的第一个细分期里，历史人物根本还没有名字，所有所谓的名字本来也都是后人编出来的。也就是说，真实的太古史里，根本没有什么天皇、地皇和人皇。有的只不过是一个又一个无名且没有历史传世的氏族部落，你方唱罢我登场。

在后来的太古史当中，我们还将认识到一批所谓的上古人文始祖，他们也会像天、地、人三皇一样，在有名的传说中，言说着原本无名的历史。其实，传说与历史的那道边界，正是我们在太古史阅读过程中需要靠自己来不断体会的东西。

> 是以立天之道，曰阴与阳；立地之道，曰柔与刚；立人之道，曰仁与义；兼三才而两之，故《易》六画而成卦。
>
> ——《易经·说卦》
>
> 所以天道的确立是阴阳相对，地道的确立是刚柔并济，人道的确立是仁义道德，同时具备这三种品质并且两卦重叠，所以《易经》六个卦画组成一卦。

3. 天下不只有三皇

中国的古代史有种细分法叫断代史,因为我们始终有对于政治文化正统性的概念存在,所以可以用王朝的更替来作历史分期的依据。也恰恰因为这个正统性的问题,历史虽然被朝代断开了,但历史的主线不会断。古代的政治家其实都明白,古代政治的正义往往是由权力、强力、暴力确立的,但古代中国根植于儒家社会的政治文化,又偏偏要讲究名正言顺,子曰:"名不正则言不顺,言不顺则事不成。"所以明明什么都变了,沧海桑田,但因为他们把正统性作为王朝存替的合理性依据,所以历史的主线居然没有断。因此说华夏文明一脉相承,政治上的正统性其实是就是保证文化上一脉相承的强力理论。

中国古代的史官们,也就是中国古代史的记录者、整理者们,因为深受正统观念的影响,所以在记录历史的时候必然会对历史的共时性进行刻意削弱。因为在要求正统性的观念中,一个时代,只能有一个王朝是正统的。这样形成的中国史,特别是如此的叙事方式会让读者在潜移默化中形成一种思维定式:所有历史都是历时性的,甚至更进一步的恶果,就是读者会认为所有历史都是线性的。历史成了一条线,公元1年……公元101年……公元201年……一直延续到当下,历史终结了。其实历史不仅是历时性的,哪怕是阅读中国史,也要时刻重建历史的共时性。甚至可以说,越是拥有共时性的地方就越是出彩的地方，因为文化是传播中的文化，文明是交流的产物。就像夏、商、周和东夷、南蛮、西戎、北狄，就像汉朝与匈奴、西域和西南夷，它们之间是不断彼此交换、相互成就的过程。史料是割裂的，但不等于历史的这种共时性也应该被割裂。实际上，太古史的共时性是最明显的。

作为个体的人或者氏族部落，天皇、地皇、人皇跟秦汉以后我们熟悉的王朝兴衰有个极其显著的区别：太古氏族登上历史舞台的方式，是典型的"你方唱罢我登场"，今天我强大，其他氏族就听我的，你可以说我是名义上的王，如果明天我的实力下降了，别人强大了，别人就可以成为名义上的王，别人上台，我下台。

然而，氏族的下台并不是说这个氏族就灭亡了。下台之后的氏族，可以照样作为一个小部落继续繁衍生息。这种情况在夏、商、周时期同样适用，只不过氏族部落变成了方国或诸侯国。夏、商、周作为三个朝代，的确是一个接一个，但作为方国，它们的诞生时代差不多，只是天下共主的时代不同。好比一场先锋戏剧，历史的历时性考虑的是演员上台的次序，而共时性强调的是同一时间里，舞台上是哪位演员、后台有哪些演员、台下的观众都有谁。前台的演员不是一直在前台，后台的也不是一直在后台；同理，观众中也随时会有进场的和离场的；甚至演员和观众也不是一个只演，一个只看，他们还会不时互动。这就是典型的共时性。太古如此，先秦如此，但太古比先秦更加典型，因为在太古的绝大部分时间里，甚至连前台和后台也没有明显的区别。假设天皇和地皇真实存在，那他们和其他氏族，以及他们彼此之间也是这种共时性的关系，并不是一个兴起了，一个就得灭亡。

说清了历史的历时性与共时性，接下来就可以认识同样处于前三皇时代中，与天皇氏、地皇氏和人皇氏共时的一些氏族——比如有巢氏、葛天氏。

4. 有巢氏、葛天氏

有一些与天、地、人三皇同时期，有内涵、有知名度，且推动了具体的时代进步的氏族，也是我们必须要了解的。

这样的人文始祖和氏族有一大批，比如，五龙氏（古代神话人物，兄弟五人，共治天下，各治一方，因为整天骑着龙来往于天界和人间，故称五龙氏。老大叫皇伯，老二叫皇仲，老三叫皇叔，老四叫皇季，老五叫皇少）、燧人氏、浑沌氏（一如其名，有关的传说也是混沌不清，有人认为他是盘古，有人认为他是太古的贤人，总之，是一个身份成谜的人）、有巢氏、葛天氏、大庭氏（也是一个身份成谜的人，东汉的郑玄认为他是神农氏，炎帝之一）等。这些名字，古人往往将其视作个体的人。但其实，名字本身最多只能指代群体性的氏族，具体到氏族的首领、部落的酋长,这些人当时还没有名字。就传说而言,在众多氏族中,或者说在东亚神话里的众神中,有巢氏和葛天氏是最为突出的。

首先,我们来谈谈有巢氏。有巢氏率先发明了树屋,让人住在树上,为原始先民解决了住房问题。在有巢氏出现之前,我们知道,第一批富起来的山顶洞人是穴居的,住在天然洞穴里。但人口多了,住房紧张,洞穴不够住怎么办?有巢氏发明树屋,人住在树上,通风和采光好,关键是大型猛兽往往不会爬树,有安全保障。而且天然洞穴必须是在山区才会有,树屋相对而言就不受地理地形的限制了,只要是有大树,哪里都能安家。有巢氏算是太古的"有房一族"。

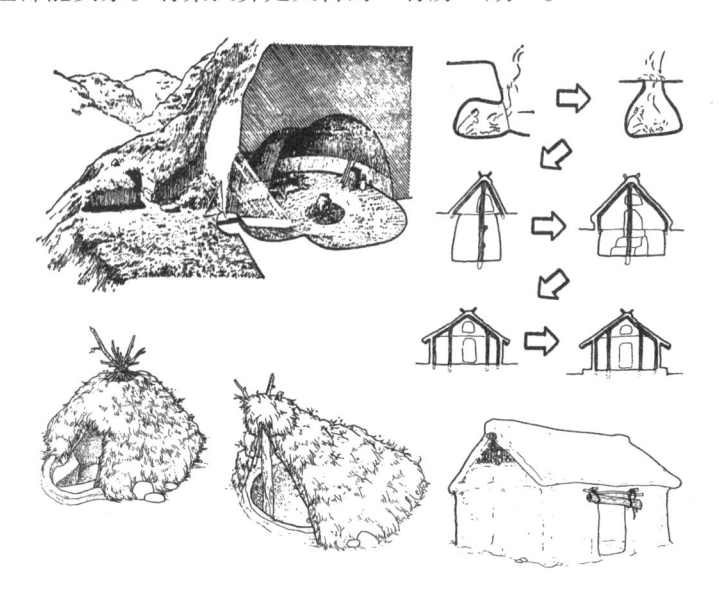

干栏式建筑

干栏式建筑，也叫干栏巢居，古人则称之为干栏、干兰、高栏、阁栏和葛栏，等等。干栏式建筑利用竹木作为立柱，先构建出高于地面的栽桩架板，再在栽桩架板上建筑房屋。有巢氏发明的树屋、巢屋有可能是干栏式建筑的原始雏形，也有可能指的就是干栏式建筑。这种建筑以栽桩架板作为分界，分为上下两层，上层用来住人，下层则用来放养动物、堆集杂物。

　　在考古发现中，中国最早的干栏式建筑出现在浙江省余姚市的河姆渡遗址，长江下游的马家浜文化和良渚文化的许多遗址也多有发现。太古时期，中国的气候普遍比现在更加温暖湿润，而干栏式建筑的设计结构充分隔离了地面上返的水汽，对人的健康更加有益。此外，干栏式建筑防地震的效果也格外明显。如今，这种建筑样式在广西中西部、云南东南部、贵州西南部和越南北部等地区依旧流行。

　　太古时期的建筑有两种发展路径，一种是由有巢氏树屋发展而来的干栏式建筑，另一种是由地穴发展而来的台基式建筑。对前者而言，人先是利用天然高于地面的树干作为"栽桩"，在树干上造屋，后来又从树屋汲取灵感，将天然的树干加工为人造的栽桩，由此创造出干栏式建筑。这是中国南方地区相对普遍的原始建筑演化形态。而在北方，由于空气比较干燥，所以走出洞穴的原始先民从天然的石洞中汲取灵感，率先在松软的泥土中挖泥为洞，创造了人工的土洞。这就是最初的地穴式建筑。

第一章 前三皇时代：天皇、地皇、人皇

2004年，考古工作者在陕西省榆林市横山县（现为横山区）发现了距今五千年至七千年前的窑洞遗址。这种最原始的窑洞就是典型的袋状地穴式建筑。居穴的设计非常简单，是一个三孔式的袋状下沉式居穴，底部互相连通，在垂直下降的墙面的不同位置上开凿有水平的小平面，用来放置陶器、石器和简单的生活用品。而类似的袋状下沉式窑洞结构，在今天的横山区的西北地区仍然是常见的窑洞样式。

当然，陕北地区是一个特例，因为黄土高原特有的土质和干旱少雨的气候使这里的窑洞具有极强的稳定性，且因为少雨，这里的木材资源匮乏，客观上也不利于发展木质建筑。而在中国北方的其他地区，在地穴式建筑的基础上，则不断发展出了半地穴式建筑、地面建筑和台基式地面建筑。通过抬高建筑内地面的相对高度来提升建筑的舒适度，是太古时期中国建筑发展的主要趋势。

其次，我们来认识一下葛天氏。葛天氏非常伟大，据说他发明了两样东西。首先，他发明了麻布，是麻纺织业的祖师爷。《诗经》中有一首《采葛》，说的就是葛天氏名中的"葛"这种植物。

> 彼采葛兮，一日不见，如三月兮。彼采萧兮，一日不见，如

三秋兮。彼采艾兮,一日不见,如三岁兮。

——《诗经·王风·采葛》

那个采葛的姑娘,一天没有见到她,好像隔了三月。那个采萧的姑娘,一天没有见到她,好像隔了三秋。那个采艾的姑娘,一天没有见到她,好像隔了三年。

古人为什么要采葛呢?葛、萧、艾,这三种植物有个共性,它们都不是用来吃的,或者不是主要用来吃的。萧和艾都是香草,就是艾蒿一类的植物,是用来焚烧驱虫的,而葛则是用来织布的。古人提取其中的纤维用来织布,葛天氏的名字由此而来。其实除了葛,苎麻、亚麻、大麻和黄麻等植物,也都可以作为原材料进行纺织生产,原理相同,葛只是其中的代表。

中国古代主要的服装面料只有四种,按照发明或者推广引进的时间排列,依次是皮、麻、丝、棉。其中,皮革和丝绸生产成本太高,跟普通老百姓基本没关系,而太古时期麻布的发明和明朝前期棉布的推广,是中国历史上两次伟大的服装革命。前者是让普通老百姓有衣服穿了,后者是让普通老百姓有花衣服穿了。

有人可能会想到,太古时期已有了渔猎生产,一般的皮革应该不难获取,毕竟有肉吃就必然有皮穿,无非是猪皮还是貂皮、头层皮还是二层皮的区别罢了。这种想法是有道理的,但是冬天人们可以穿皮革,那夏天怎么办?必然不能穿皮革了。

这个时候,葛天氏的伟大就显现出来了,他使普通百姓既不用光着,也不用担心穿一次性的树叶衣服而走光了。恰恰是因为有了麻布,我们这个古老的民族自此可以有尊严地活着了。

中国的主体民族古称华夏,何为华夏呢?

"夏"来自终结史前史的王朝夏朝的国号,那"华"是什么?唐代学者孔颖达有言:"有服章之美,谓之华。"所以说,"今天我穿什么"的问题,从来不只是一件衣服的问题,就像而今的"国潮"盛行,文化自觉为什么一定要先流于服装

苇编,河姆渡文化

呢？因为服装是最基础的生产生活方式和最大众的审美追求叠加后的文化产物。今天大城市里那些穿着汉服走进由西方缔造并主导的现代话语体系的年轻人，他们脸上所洋溢的文化自信与两三千年前束发右衽的周人一样，都是基于服装之下对汉族的历史认同，而这份文化自信的源头，恰恰应该来自传说当中，太古葛天氏的氏族。

老百姓都穿上衣服了，但还没有娱乐活动。于是，葛天氏继麻布以后，又搞出了第二项发明——乐舞，也就是唱歌和跳舞。"奏陶唐氏（就是五帝之中的尧，因在位时定都于陶唐，所以称陶唐氏）之舞，听葛天氏之歌，千人唱，万人和"，这就是中国古人心目中太平盛世该有的模样。总之，无论是衣服还是乐舞，与葛天氏相关的传说堪称华夏民族的文化之源，他丰富了人们的精神文化生活，赋予华夏民族发展礼制的可能性。

双耳舞蹈纹罐，马家窑文化　　　　彩陶鼓，马家窑文化

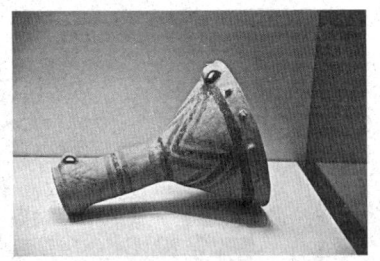

5. 燧人氏

前三皇时代的传说中，还有一位人文始祖，堪称太古的

"美食家"和"养生达人",他就是燧人氏。

燧人氏中的"燧"是"火"字旁一个"遂",指代一种最古老的取火工具。我们都知道成语"钻木取火",钻木取火的这套工具就叫木燧。我们上小学时,可能会用放大镜对着太阳,做"聚光取火"的实验,其实在古代没有玻璃的时候,或者玻璃的普及度较低、易碎不便于携带的时候,古人会用青铜铸造一种像铜镜一样的凹面工具。人斜对着太阳举着这个凹面镜的话,可以聚光,因为新铸造出来的铜器特别亮,能够反光,反射过来的光被凹面镜聚集在一起,就和放大镜取火异曲

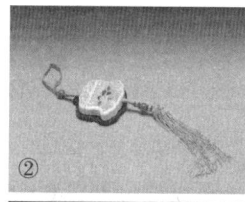

① 金代青铜燧
② 清代镂雕象牙火镰盒
③ "大清乾隆年制款"海棠形乾隆火镰盒
④ 清代铜镀金嵌料石火镰盒
⑤ "大清乾隆年制款"扁圆形火镰盒

同工了。古人管铜叫作吉金,所以这种工具就叫作金燧。金燧一直到辽金时期还在沿用。再后来,随着燧被火石、火镰取代,以燧引火的历史就此终结。

现代汉语为什么不常用"燧"这个字了呢?因为燧这种工具早已退出了历史舞台,而这个字又没有被假借成其他字义,所以字也不常用了。不过这倒很好,"燧"既然就这么一个字义,那燧人氏是什么氏族,就不言自明。

燧人氏就是太古时期的用火一族。火,我们都知道,它是早期人类文明的重要标志。引火,堪称是原始人最伟大的技能。火的使用标志着人类结束茹毛饮血的生活,有利于人的健康,延长了人的寿命。对于华夏民族而言,用火一度是华夏民族区别于夷狄蛮族的一个重要标志。比如《山海经·北山经》里多次说到,某某山以北不火食,就是说此山以北的人还无法掌握取火的技术。在早期,火的使用,即是一种重要的文明标志。

说起用火,除了燧人氏的传说,另外一个传说中的氏族高辛氏,也被认为是最早取火的氏族。高辛氏的"辛"其实是"薪水"的"薪"的本字,薪是柴火、火把的意思,所以高辛氏是一群高举火把的人。那么,燧人氏和高辛氏,谁才是最早的用火一族呢?这个说不好,可能他们都是,只能说他们是最早一批引火用火的氏族。相似的传说主体和共同的传说内容,也表明了华夏民族多源流的特征。

第一章 前三皇时代：天皇、地皇、人皇

火的使用

我将中国古代烹饪史归纳为"三次革命"和四个阶段：第一阶段是刺身时代，因为没有火，万物皆可"刺身"，也皆需"刺身"。燧人氏时代，取火技术的发明成就了烹饪史的"第一次革命"，由此，烹饪史进入第二阶段，即烧烤时代。新石器时代晚期至夏、商、周三代间，随着如鼎、甗等陶制、青铜制炊具的普及，烹饪史迎来了"第二次革命"，从而进入第三个阶段，即煮菜阶段。战国至秦汉期间，由于铸铁技术的发明和在炊具生产领域内的应用，烹饪史出现了"第三次革命"，进而进入最后一个阶段，即炒菜阶段。西汉时的《盐铁论》里就记载了售卖韭菜炒鸡蛋的饭店，南北朝时的《齐民要术》中则出现了炒菜的菜谱……

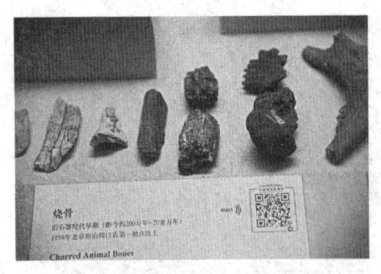

经过火烧的动物骨骼 　　　　　经过火烧的石头

经过火烧的土 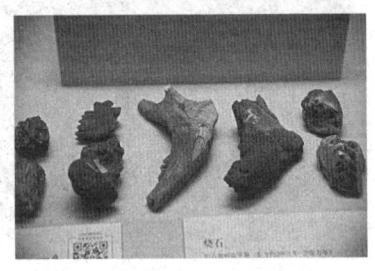　　　　　　　　经过火烧的石头

除了用火,还有很多人文始祖的发明传说,其中很多我们都非常熟悉。比如奚仲造车、黄帝造指南车、嫘祖缫丝(传说中,黄帝的正妻嫘祖首创种桑养蚕之法和抽丝编绢之术,并且劝诫黄帝大力发展农业和丝织业,因此,嫘祖被尊为"先蚕",被认为是丝绸的发明人),这样的传说非常多。《山海经·海内经》有一段甚至专门总结了太古人文始祖和他们的重要发明:

炎帝之孙伯陵,伯陵同吴权之妻阿女缘妇,缘妇孕三年,是生鼓、延、殳。始为侯,鼓、延是始为钟,为乐风。黄帝生骆

第一章 前三皇时代：天皇、地皇、人皇

此画传为南宋刘松年所作。目前虽为册页，但两侧原仍有画面展布，可能因残损割裂，才裱装成册。画中有人物、屋宇、炉灶、蓆炕、器用，描绘了古代民间制丝的日常劳动。自新石器时代晚期，丝绸发明以来，蚕事与农事并重始终是中国历代王朝的基本经济政策。

《春耕图》，戴进绘，明代

其实在看这些传说和典故时，我们首先要明白，传说中的人和氏族往往并非真实的人和氏族，而是后代史学家编造的，它们作为个体的历史人物或者历史氏族的真实性其实是缺失的，但作为一种群体性的历史实践却是可靠的、真实的。换句话说，太古有个人叫有巢氏，说他发明了树屋，并非是真实的，但某个氏族的原始先民励精图治，在太古时期住进了房子，结束了穴居野处的历史，这是真实的。

同理，木燧、钻木取火真是一个叫燧人氏的人发明的吗？当然不是。但太古时，原始先民掌握引火技术从而迎来史前文明的大发展，这是真的。至于发明木燧、发明钻木取火的人是谁，早就无法考证了。于是，后人给发明人补了个名字，就叫燧人氏。而且可以想见，太古的发明不会是个人专利，往往是团队创造。所以太古史中所说的某某之父，现实中很可能是一群人。把一群人的历史集中到一个人身上、鼓吹成一个人的功绩的手法是一种假托先王、塑造先王的传说性历史。在先秦，特别是在先商，这是极其普遍的。

第二章

三皇之首：太昊伏羲

1. 从母系社会走来的始祖

本节开始，我们进入太古史的第二个历史细分期——三皇之首、太昊伏羲氏的时代。

在之前的篇章中提到的"前三皇时代"，是本书的说法，古人将这段历史时期称作天皇氏、地皇氏、人皇氏。这三位的最后一位，唐朝以前被称作"泰皇氏"。

何为泰皇氏？"泰"字，读曰"太"。"太"字，又读曰"大"。清代的训诂家段玉裁《说文解字注》，在"泰"字下注云："后世凡言大而以为形容未尽则作太。如'大宰'俗作'太宰'，'大子'俗作'太子'，'周大王'俗作'太王'是也。"由此可见，泰皇氏就是大皇氏，是皇中之大者，也就是一位大酋长。

唐朝以后，泰皇氏被司马贞改为"人皇氏"，可这位泰皇氏与天皇氏、地皇氏不同，他不是被后人杜撰出来的虚拟人物，而是一位真实存在过的伟大先王，即三皇五帝之首——太昊伏羲氏。

既然人皇氏就是伏羲氏,那就不可能既把他跟天皇氏、地皇氏一起归入前一个历史时期,又把他和炎帝、黄帝一起归到后一个历史时期。显然,将其往后归更合适。"天皇氏、地皇氏、人皇氏"所处的"前三皇时代",只是一种对上古史前期的传说式写作,并没有真实的名为"天皇氏、地皇氏、人皇氏"的氏族或个人存在。而"三皇五帝"作为传说,是口口相传中原本就存在的个人,与"前三皇时代"并非一码事。伏羲作为真实存在过的传说中的人物,应被归到"三皇五帝"历史时期中去。

伏羲是太古传说中浓墨重彩的一个人物,后人说他开创了农耕生产,建立了婚姻制度,还创作了河图、洛书,一手抓物质文明,一手抓精神文明,堪称华夏民族的缔造者。

人物图册·伏羲画八卦,郭诩绘,明代

太古的人文始祖有很多，既称之为人文始祖，贡献自然都不小，但古人为什么就一手将伏羲推上了神坛呢？我想如果用今天的话来解释，后人乐于用神话传说讴歌伏羲，主要是因为神话的创作者们真切地享受着伏羲氏时代的改革成果。伏羲应该是中国历史上第一位改革家。如果站在社会变迁的视角看历史，我们又会发现，伏羲氏的改革正好处于从母权社会向父权社会过渡的这么一个时期中。本质上，伏羲氏改革之所以能够取得空前成功，是因为他顺应了历史的发展、社会的发展。

伏羲氏所处的时代，母权社会正走向衰落。母权社会也叫母系氏族社会，这种社会形态是原始社会的初级发展阶段，也是人类社会发展过程中的第一个阶段，相当于人类社会的出厂设置。因为世界各地的人类社会发展进程有着巨大的差异，所以我们很难用时间去界定它何时结束，可能华夏民族中原地区的母权社会，在距今八千年前后的伏羲氏时代就已经开始瓦解了，但直到20世纪中叶，云南的一些少数民族仍处于母权社会。因此，母权社会的延续与时间无关，那和什么有关呢？

决定一个社会形态的，有两个必不可少的因素，一个是生产能力，一个是认知水平。一旦二者有一个发生了改变，母权社会就不稳定了。如果两个都改变了，母权社会将立即被父权社会取代。

大三棱尖状器，1954年山西省襄汾县丁村出土，旧石器时代中期

大三棱尖状器，是用巨大的角页岩厚石片制成的，横断面呈三角形，洪荒时代的古人可能就是靠这样的工具挖掘根茎类植物来果腹的。这样的生产效率，可想而知该有多低。

先来看生产力。母权社会人类的最主要生产方式一定是采集和渔猎，这是最原始的生产方式。在这种社会生产中，人以集体为单位进行劳动，往往是女人集体采野果，男人集体捕鱼、打猎。我们看古代神话中有嫘祖缫丝，说一群女人去山上采野果，结果在桑树上摘到一种白色的果子，也就是蚕茧，由此，丝织业诞生。为什么缫丝的是嫘祖呢？因为她是一位女性人文始祖，而采集工作在原始社会是女人的工作，所以丝绸的发明人也就顺理成章地被认为是女人。采集生产的特点是，只要到了果树结果的季节，树上一定有果子。但渔猎劳动与此不同。我们看古代的岩画，云南的沧源崖画（中国已知最古老的崖画之一，据测定，应创作于三千多年前的新石器时代晚期。1965年、1978年和1981年先后在云南省沧源县发现了崖画地点11处）、广西的花山岩画（中国最著名的史前岩画，位于广西壮族自治区崇左市宁明县、龙州县及江州区和扶绥县境内，创作于距今四千二百年至一千六百八十年间），以及西班牙的阿尔塔米拉洞窟壁画（史前壁画，位于西班牙的桑蒂利亚纳·德耳马尔附近，大约创作于距今三万二千年至一万二千年之间的旧石器时代），这些人类美术史的发轫之作都表现了人类捕猎野兽，特别是野牛的惊险画面。《山海经》里同样有黄帝捕猎野牛的神话故事：

> 东海中有流波山，入海七千里。其上有兽，状如牛，苍身而无角，一足，出入水则必风雨，其光如日月，其声如雷，其名曰夔。黄帝得之，以其皮为鼓，橛以雷兽之骨，声闻五百里，以威天下。
>
> ——《山海经·大荒东经》

夔（牛）是古时代神兽，古时生于东海流波山，形状似牛，全身都是青色的，没有长角，只长了一只脚，每次出现都会有狂风暴雨。它身上还闪耀着光芒，似日光和月光，它的吼声和雷声一样震耳欲聋。后来黄帝得到这种兽，用它的皮制成鼓并用雷兽的骨做槌，敲击鼓，鼓声响彻五百里之外，威慑天下。

发明丝绸的人是夫人嫘祖，但捕猎野牛的是丈夫黄帝。男

原始人捕猎野牛，沧源崖画第二地点，云南省沧源县

人所从事的渔猎生产和女人从事的采集生产完全不一样，渔猎相当于创业，只有少数人能拎回来大鱼大肉，多数人忙活一天空手而归，当然还有赔得惨的，自己成了猎物的"大鱼大肉"了。因此，从社会平均劳动的效果上看，母权社会的女人既能持家，还能养家，男人丝毫没有地位可言。

下面再来说说第二个要点，也就是认知水平。我还是举一个神话的例子来证明。《西游记》里的女儿国大家都知道，有人还考证，这《西游记》里的女儿国究竟在哪里，是哪个西域古国。其实女儿国并不神秘，它几乎存在于世界各地。应该说，女儿国的问题不在于它所处的位置，而在于它所处的时代。真实的女儿国无非就是母权社会，是所有人类史前文明普遍经历过的一个历史阶段。《山海经》中的《海外西经》《大荒西经》两篇都记载过一个"女子国"。女子国的女人们生孩子从来不靠男人，自己就生了。

另外，《山海经·大荒东经》里还有个有司幽国，这个国家有个姑娘叫思女，也是没有丈夫但照样可以怀孕生孩子。女子国或者思女这样的神话反映的其实是一个时代的生殖常识认知。原始社会，图腾崇拜，当时的人不会盼望个体生命的长生不老，但是会渴望群体生命，也就是氏族血脉的绵延不息。或者直白地说，就是希望多生孩子，毕竟人口越多，力量越大。但当时原始先民认为生孩子都是女人的功劳，而男人已然被认为不能养家了，如果在生育问题上再毫无建树，那还要男人有什么用呢？

《山海经寰宇全图·海外南经海外西经海外北经海外东经第九》之女子国，赵越绘，明代

西晋的郭璞提出："女子国浴于黄水乃娠乃子，生男则死。"女子国没有男人，只有女人怎么生孩子呢？原来，女人们凡是到了生育年龄，就去黄水河里洗澡，洗完了澡，就可以怀孕生子了。生下孩子以后，如果是女孩，就能够长大成人，但如果是男孩，一落生就直接夭折。吴承恩创作《西游记》时，说女儿国的人想要怀孕，就去喝子母河里的水。这个情节与在黄水河洗澡的情节是相似的。一个是外感的触水而孕，一个是内服的饮水而孕，虽然依旧不科学，但离谱的程度总归大大降低了。

这件清代玉雕主造型为石榴，配以蝙蝠形象。石榴多籽，是形意美。蝙蝠的"蝠"字音与"福"同，是音意美。所以石榴加蝙蝠，寓意多子多福。蝙蝠是福，可见，古人也玩"谐音梗"。

白玉石榴，清代

不过，原始人逐渐意识到男人在生殖行为中的意义，女性怀胎十月是不容易，但男性的作用也不可或缺。当男性的生殖意义被认可以后，在性别文化上，男性的地位就上升了。

口说无凭，还是以文献为依据。《山海经·海外西经》中有一个丈夫国，正好跟女子国相对。女子国里都是女人，没有男人；丈夫国则都是男人，没有女人。女子国的男人是在黄水河里洗个澡，就能生孩子，而丈夫国的男人生孩子不需要洗澡。晋朝的郭璞有一本书叫《玄中记》，书中记载了丈夫国的男人生孩子的过程：孩子从男人的腋下、肋骨之间生出来。这跟《圣经·创世纪》里上帝取下亚当的一根肋骨造夏娃非常相似。但丈夫国的男人们很悲惨，他们一生下孩子就会立刻死去。男人可以怀孕生孩子吗？当然不能，所以这是在用神话的手法来表现男人对孩子主权的宣誓，它挑战的不仅是生育本身，更是母权社会由来的基本条件。因此，丈夫国的神话实际表现的是母权社会后期男权运动的历史，是男人在挑战母权，动摇母系社会的社会基础。

但这时候，维系母权社会的两个条件中只有一项发生改变，而如果另外一项也发生改变了呢？那不用说，母权社会将即刻土崩瓦解。

接下来，我们再看一看另一个条件是如何变化的。这就要说到伏羲氏时代的另一个巨大的社会变化了，也是伏羲氏经济改革的重要成果——农耕和畜牧。

《山海经寰宇全图·海外南经海外西经海外北经海外东经第九》之丈夫国，赵越绘，明代

我们知道，原始先民最主要的生产方式是采集和渔猎，这也是母权社会的经济基础。而其中的渔就是捕鱼。《山海经》里有个关于张宏之国的神话。

> 有人名曰张宏，在海上捕鱼。海中有张宏之国，食鱼，使四鸟。
>
> ——《山海经·大荒南经》
>
> 有个人名叫张宏，他在大海上捕鱼。海洋中有个岛国，名为张宏国，这里的人吃鱼，能够驱使老虎、豹子、棕熊和马熊四种野兽。

《山海经》里写的"张宏之国"，就是专业捕鱼生产的小岛国。人类最初打鱼是怎么打的呢？如果完全没有工具的话，那就在浅滩用石头围一个圈，然后留一个缺口，将缺口的外侧开大，把鱼赶进去；如果有了石器工具，那就是用叉子叉鱼。但是，这些捕鱼方式效率低，技术难度大。而传说中，伏羲特别聪明，他观察蜘蛛结网捕虫，仿照蛛网发明了渔网。

从甲骨文"网"字的构形能够判断，这是一个典型的象形字，一共有五种写法，都有左右各一竖这一字形特点，它们代表的是支撑整面网的两根木棍。《说文解字》认为，"网"字的本义就是伏羲氏所结的渔网，而网字中间的"乂"就是渔网相交的纹理。而甲骨文"网"字的五种字形差异恰恰来自中间两两相交的撇和捺，它们的相交方式不同，数量也不同。为什么会出现这样的区别呢？因为不同类型的网，织网的方式有所区别。伏羲发明了网，网可以用来捕鱼，也可以用来捕猎鸟兽。而我们知道，原始社会的初级阶段，母权社会的基本生产方式就是男人渔猎，女人采集。也就是说，伏羲的经济改革并非上来就推翻原有的生产方式，而是先给传统产业进行升级改造。

叶纹、网纹双耳彩陶罐，马家窑文化

葫芦形网纹单儿彩陶壶，马家窑文化

网纹圆点纹彩陶壶，马家窑文化

葫芦形网纹彩陶壶，马家窑文化

船形彩陶壶，仰韶文化

新石器时代晚期，黄河中游的仰韶文化和黄河上游的马家窑文化先后出现了彩陶网纹纹样。网纹是渔网的典型视觉象征，它的出现，反映的正是伏羲氏时网被发明并且投入应用以后，传统渔猎生产蓬勃发展的历史。其中，1958年陕西宝鸡北首岭出土的船形彩陶壶最为典型，它是当时的盛水器，由仰韶文化的小口尖底瓶演化而来。陶壶两端如同船头、船尾，各自上扬。壶身以当时最流行的网纹装饰，再现了古人从河中收网捕鱼、晾晒渔网的情形。这些水上生产、生活的场景是原始先民制造舟船、网具并且捕鱼的真实写照。

伏羲教会男人织网，用网捕鱼，用网捕猎，从而大幅提高了渔猎生产的工作效率，使传统的捕鱼产业实现了历史上的现代化。

当然，这个"现代"对今天的我们而言是打引号的，但在当年，就是实打实地提升了当时的传统产业，而在此之后，从事传统渔猎生产的男人们生产的成果就比原来多多了。相应地，腰包鼓起来，"经济独立"的男人们才有了人身独立的可能。而相似的一幕，后来可能会出现在19世纪的英格兰，那些走出家庭的纺织女工们身上。

伏羲氏的经济改革是双管齐下的，除了促进传统产业升级，更重要的是他还大力发展新兴产业。传说中，他发展了两

太平乐事册·捕鱼，戴进绘，明代

项创造性的新兴产业：其一，他教人种田，普及农耕；其二，他教人饲养牲畜，推行畜牧业。

农耕和畜牧的出现对采集和渔猎纯粹就是"降维打击"。采集，就是采野果、摘野菜。要用水果和菜填饱肚子，那得吃多少？更重要的是，伏羲氏时代几乎没有保鲜办法，水果、野菜很快便会腐烂。但粮食不一样,只要储存得当,放几年也不会烂。

粮食的可储藏性对人类的发展起到了极端重要的作用。从浅层看,它意味着人类的食物安全得到了长效化的保障,食物安全的周期从以日月计,变成了以年计。而深层次的作用在于,这一特性使得财富出现了。这是未来经济上的私有制、政治上的世袭制施行的基础。

含炭化稻谷的陶片,彭头山文化

长江流域的新石器文化,距今约九千年至八千三百年,主要分布于湖南省北部。其中,湖南省澧县的彭头山遗址中,出土了已知世界上最早的稻作文化痕迹——稻壳与谷粒。这确立了长江中游是中国乃至于世界稻作农业重要起源的历史地位。

炭化稻谷，河姆渡文化

长江下游以南地区的新石器文化，距今约七千年至五千三百年，黑陶、干栏式建筑和稻作农业是河姆渡文化的重要标志。在河姆渡遗址第四文化层上部发现了大面积的稻谷、稻秆、稻叶和木屑、苇编构成的稻谷堆积层，平均堆积厚度20厘米至50厘米，最厚处超过100厘米。经过鉴定，这些水稻属于亚洲栽培稻属杂合群体，这也证明了中国是世界上最早栽培水稻的国家之一。

中国古代农具，曲柄，用来起土，即手犁。制作耜头的材质相当广泛，石器时代有木耜、骨耜，商代晚期还出土有青铜耜。耜头形制为扁状尖头，后部有銎，装在长木板上。木板肩部连接弯曲前倾的长柄。柄与耜头连接处有一段短木，短木末端装有横木。使用时，手执横木，脚踩耜头短木，使耜头入土。

骨耜（sì），河姆渡文化

木耜（复制品），河姆渡文化

农耕生产打击了采集生产，而畜牧生产同样打击了渔猎生产。

渔猎虽然是无本的买卖，但是它的风险太大。其风险之高，不仅是收益无法保障，就连本金都可能在瞬间损失掉。毕竟对打猎而言，能不能打着是一回事，会不会反被猎物打着又是一回事，特别是在你只能手持各种石头当武器的情况下。同理，捕鱼也一样，能不能抓着鱼不好说，船翻了会不会溺水也不好说。而反观畜牧就大不一样了，妥妥的低风险、中回报，即使收益彻底损失掉，起码本金还是绝对安全的。

陶猪，河姆渡文化

只不过，畜牧投资有两个门槛：第一，畜牧业的发展依赖动物的驯化，这需要一个过程。你抓了好多只野猪，把它们圈养起来，然后让它们互相交配，必须经过许多代以后，野猪的野性在这其中消失，才能获得家猪。第二，畜牧业需要投资，养牛、养羊、养猪得搭牛棚、建羊圈、建猪圈，这些算是前期的投入；饲养过程中，需要放牛、放羊、喂猪，这需要持续性的投入。因此，如果某个氏族特别穷，连人都还住山洞里呢，那投资畜牧业就是天方夜谭了。但如果经济条件达到了基本要求，那究竟是选择渔猎还是畜牧，作为投资者，他们还会犹豫吗？

于是，在伏羲氏时代，农耕和畜牧在非常短的时间之内就取代了延续了几万年的、人类从猿人时就一直延续着的生产方式。新时代对旧时代的改造是摧枯拉朽的。2012年，中科院的一个课题研究了中原地区，主要是华夏民族文化核心区伊洛河流域距今八千年至四千年间的耕地开发面积，得出了一个结论：在距今八千年时，中原地区的耕地主要集中在伊洛河流域中下游的低海拔平原地区，也就是洛阳盆地内；等到距今五千年前后，河洛地区的耕地面积就和现代的河洛地区的耕地面积基本相似了。这意味着华夏民族文化中心区从大约距今八千年开始推行农耕生产，进入农耕文明，到了距今五千年前后，农耕化全面完成。而我们知道，距今八千年刚好就是伏羲氏大约所处的时代。

那么，随着农耕、畜牧的生产方式的确立，母系氏族社会存在的最后一个条件悄然消失了。华夏民族实现了历史上的第一次社会转型，一个全新的、充满生机的父权社会登上了历史的舞台，这就是伏羲氏经济改革的综合结果。不过，男性通过新的生产方式获得了权力与荣耀，男女关系失衡，伏羲氏将以怎样的方式去处理？这就引出伏羲氏所做的社会改革——婚姻制度与小农经济。

2. 婚姻制度改变历史走向

历史上，凡是重大社会变革完成以后，旧势力往往得卷土重来几次才能彻底退出历史舞台。远的有西周初年的三监之乱：西周初期，周封殷纣王之子武庚于殷，同时将周武王的三位兄弟管叔、蔡叔和霍叔分封到了殷国周边，建立了邶国、郾国和卫国，用以监视殷国，这三国史称"三监"。武王驾崩后，周公摄政。武庚利用三监对周公摄政的不满，联合三监共同反叛周公，史称"三监之乱"。近的有民国初年袁世凯称帝：1915年12月12日，中华民国大总统袁世凯推翻共和，复辟帝制，改中华民国为"中华帝国"。也有张勋复辟：1917年6月，安徽督军张勋利用黎元洪与段祺瑞的矛盾，借"调停"为名于6月14日进北京。6月30日，张勋宣布复辟，拥立清废帝溥仪为皇帝，改称此年为宣统九年。此类事件历史上还有很多。但伏羲氏时代，父权兴、母权衰，大权旁落的女性首领就没发动几次叛乱吗？别说，还真没有，至少在历史传说中，我是没有读到过。为什么如此重大的社会变革能实现如此平稳的过渡，这实际上和传说中伏羲氏的社会改革密不可分。史书上说，伏羲规定以双层兽皮作为聘礼，在氏族中推行婚姻制度。

制嫁娶，以俪皮为礼。

——《十八史略·卷一》

制定嫁娶制度，用两层鹿皮作为聘礼。

婚姻制度的出现是发生在伏羲氏时代的一次重大的社会变革。我们来看太古时期的一则神话，这则神话与伏羲氏息息相关，不过主角不是他，而是他的母亲华胥氏。

华胥氏也是一位著名的人文始祖。《列子》里记载了黄帝梦游华胥氏之国的传说。

> 昼寝而梦,游于华胥氏之国。华胥氏之国在弇州之西,台州之北,不知斯齐国几千万里,盖非舟车足力之所及,神游而已。其国无师长,自然而已。其民无嗜欲,自然而已。不知乐生,不知恶死,故无夭殇。不知亲己,不知疏物,故无爱憎。
> ——《列子·黄帝》

> 一日,黄帝做了一个白日梦,梦中,他游历了华胥氏之国。华胥氏之国在弇州的西方、台州的北方,不知道离中国有几千万里远。因为这里不是乘船、坐车或步行就能到达的,所以只不过是精神游历罢了。这个国家没有老师、没有官长,一切顺其自然。那里的百姓没有嗜好、没有欲望,一切顺其自然。他们不懂得因生存而快乐,也不懂得因死亡而懊恼,这里没有幼年夭折的人。他们不自私,不疏远外物,没有爱憎……

总而言之,这就是一个顺其自然的道家理想国。据说黄帝因为学习了华胥氏之国的治国经验,所以天下大治。当然了,这是一种原始的美好幻想。

庄子两次提到赫胥氏,说的也是这位。

> 夫赫胥氏之时，民居不知所为，行不知所之，含哺而熙，鼓腹而游。
>
> ——《庄子·马蹄》

华胥氏在位的时候，老百姓安居而无所为，悠游而无所往，整天口含食物，手拍肚子遨游。

此段描述的这种动作，赞美了华胥氏时期，天下太平，丰衣足食，老百姓纯真的样子。

华胥氏是母权社会末期的一位氏族首领，可以说是华夏民族历史传说中最后一位女性氏族领袖。华胥国当然也谈不上国，顶多就是一个母系氏族的部落。

历代帝王真像·伏羲像，姚文瀚绘，清代

根据《三皇本纪》的说法，华胥氏当年在一个叫雷泽的地方踩到了大人国人的脚印，结果就怀孕了，在成纪生下了伏羲。这属于典型的感生神话。感生神话的共同特点是，故事中的女人感受到了上天的精微，然后就怀孕生子了。能让女人怀孕的当然不可能是上天的精微，只可能是男人的精子。但华胥氏为什么说她是感受到了上天的精微才怀孕的呢？因为她真心不知道伏羲的父亲是谁。

母系氏族社会，没有婚姻制度，自然也不会存在以婚姻为基础的伦理道德观念。男人们要想建立以男性领袖为宗的氏族统治方式，用父权替代母权，首先就必须改变"知母不知父"的局面。我们知道，母系氏族中的关系，如母女关系、姐妹关系，是明眼人都能看出来的，十月怀胎，不需要鉴定。但父系氏族想要建立的这所谓的父系，核心问题就是一个——如何证明我儿子是我儿子。

这是一个相当严肃的问题，因为父系氏族的关系就四种：父子关系、祖孙关系、兄弟关系、叔侄关系。这种血缘关系在不能做亲子鉴定的情况下能不能确保呢？如果确保不了，那父系氏族不就变成街坊氏族了吗？因此，婚姻制度浅层的、最直接性的结果，就是维护父系氏族的社会关系，进而确保父权社会的社会基础。

有些朋友可能知道，太昊伏羲氏姓风，刮风的风。风这个姓是中国最古老的姓之一。为什么伏羲氏时代，中国出现了姓呢？为什么伏羲氏的母亲华胥氏就没有姓呢？因为姓得自父族，它标记的是谁是自己的爸爸。姓存在目的就是标记父族。之前的母权社会不存在这个问题，因为谁是妈妈一目了然，不需要标记，也就没有姓。在伏羲氏时代，我们可以看到，姓产生于婚姻，它是婚姻制度的附加产物。等到西周以后，我们还会看到姓氏将进一步服务于婚姻，它将形成我们中国独特的"同姓不婚"的婚姻禁忌。总之，姓氏文化是婚姻制度的附属品，它同样是伏羲氏时代社会变迁的产物。

帝王道统万年图册（局部·伏羲），仇英绘，明代

画面左一那只似马、似狗、似斑马的动物就是仇英所理解的水马，伏羲氏发明的河图传说就是由这么个"灵兽"从黄河里驮上来的。

国人自诩中国为礼仪之邦。儒生讲礼，可不是讲道理，而是讲究礼仪。伏羲氏时代的婚姻，是由聘礼约定而成的。双层皮是聘礼的礼物，除礼物之外肯定还有礼节，但具体的礼节已经不可考了。总之，在没有一般等价物、没有货币的时代，聘礼的核心就在于一手交货，一手交人。在当时，聘礼的本质是财富。父权社会中，女人的地位又变低了，女人就相当于财富。所以抛开近亲结婚可能导致遗传病的科学概念，单纯从"买卖"的角度来看，也很难想象同一氏族内部聘礼通婚——你哥哥跟你爸爸做买卖没有太大意义。因此久而久之，在"商品经济文化"的影响下，在人性趋利本性的驱使下，氏族内部的所谓"通婚"逐渐消失了。放着好好的女儿在手里，为什么不拿出去换钱呢？聘礼，就是新兴的父权社会中一种打着"礼仪"旗号进行的人口贩卖。此后八千年，中国婚姻文化的畸形化、儒家伦理道德的畸形化，恐怕有一多半要归结于它的贻害，但是，在伏羲氏所处的时代，无论出于何种目的，彼时新兴确立的婚姻制度直接促成并保障着氏族之间的通婚行为，的确使中国社会获得了长足的发展。

那么，氏族之间的通婚、联姻，除了优生优育以外，还有什么意义呢？原本单一的氏族内部，成员之间都有血缘关系。而伏羲氏的部落联盟中，单纯的亲缘关系变成了亲缘加亲戚的关系，亲是血缘，戚是外戚。那这种社会关系的变化有什么意义呢？从前，依靠血缘维系的氏族规模相应地很小。在太古时期，随便一场流感，一个部落就灭亡了，能活到结婚年纪的青年男女可能连一半都没有。而氏族的联姻就不一样了，理论上它可以把十个村、一百个村、一千个村，甚至一万个村组合在一起。在洪荒时代乃至工业革命以前，人多就是力量，这是毋庸置疑的。抱团取暖，才可能面对其他部落的乃至自然的无情挑战。而规模空前的部落联盟的盟主，也就是所谓的"王"，哪怕他管理的人口还没有现在一个乡长管的人多，但他也有着当时人类历史上空前的权力，这是单纯依靠血缘永远无法实现的。由此，婚姻为部落方国联盟式国家的产生奠定了社会基础。

而纵观中国古代史，婚姻制度与农耕生产、畜牧生产共同作用，对中国历史和社会产生了极端深刻且长远的影响。从前旧社会的普通老百姓有个共同理想，叫作"十亩地、一头牛，老婆孩子热炕头"。千百年来，这样的理想有人实现了，有人没有实现，但不知道有多少人前赴后继地为此努力。由婚姻所构成的夫妻也好，夫妻妾也罢，一个家庭就是一个生产单元，种几亩地，养点牲畜，男耕女织。我们想想，可能在至少二十年前的中国农村，这样的生产生活方式依旧广泛存在。甚至到了今天，还有许多超级城市中的上班族们向往着自己能够重返这样返璞归真的生活。也就是说，婚姻制度保障了小农经济的基本生产单元，进而促成了工业革命以前整个古代中国的农耕文明的形成。这样的生产生活方式，在中国，至少是在华夏文化中心区内，延续了至少八千年的时间。这样看，八千年前婚姻制度的诞生，作为一场社会改革是一件多么先进的事情。

耕织图册（局部），陈枚绘，清代

此图册是以绘图的方式记录耕作与蚕织的系列图谱，每一幅上端皆写了下面画作的内容，从耕作的《耕》开始到蚕织的《成衣》结束，共46幅。耕作、蚕织是伏羲氏社会改革建立婚姻制度以来，中国古代社会、古代经济的主要生产方式，是中国历朝历代的国之根本。最早的《耕织图》为南宋绍兴年间画家楼璹（shú）所作，后有元代程棨（qǐ）《摹楼璹耕作图》和清代焦秉贞与陈枚的这套《耕织图册》，皆深受帝王喜爱。

认识历史，归根结底的目的不在于回忆，也不在于反思，而在于以历史为标准，更好地认知当下，洞见未来。任何制度的诞生，必然旨在维系某一种现象，如果这种现象发生了改变，走向了消亡，那么维系它的制度也必然随之消亡。从历史上看，婚姻制度的产生旨在维系父权社会和小农经济，而随着男女平等、男女平权意识在社会中的不断深化，和以夫妻为基本生产单元的小农经济的解体，或许我们也能从历史的角度去看待20世纪以来，现代婚姻关系中发生的微妙变化吧。

3. 伏羲与河图洛书之谜

之前我说了伏羲氏的经济改革及其创建的婚姻制度，这两者都相当伟大。可司马贞《三皇本纪》却说太昊伏羲氏的头一等功勋是画了八卦图。八卦图就是河图。当代人讲历史，说到伏羲画八卦图，往往一句话就带过了。我想，究其原因，无非大家觉着这东西刨根问底也弄不明白，干脆视作传说敷衍了事。但在古代，特别是宋朝以前，古人对它一直心心念念。有一说法认为先秦三代有三本奇书，周朝的《周易》承继于商朝的《归藏》，商朝的《归藏》承继于夏朝的《连山》，而《连山》据说就承继于河图、洛书。

河图、洛书是什么？综合各种古籍来看，古人给出的直接答案和间接假设一共有四种。

说法之一，叫作祥瑞说。我们常听后世的古人说起，河图、洛书是上古的神物，但实际上，先秦文献也好，秦汉文献也罢，真正提到河图、洛书的并不多，反倒是隋唐以后的古人提得多。在先秦文献中，《管子·小匡》将河图、洛书和乘黄并列，合称为"三祥"。

> 昔人之受命者，龙龟假，河出图，雒出书，地出乘黄。今三祥未见有者，虽曰受命，无乃失诸乎？
> ——《管子·小匡》
> 古人受命为王的，总是龙龟来临，黄河出图，洛水出书，地出乘黄神马。现在三种祥瑞都没有，纵然受命为王，岂不是一种错误？

乘黄是什么呢？它是《山海经·海外西经》中的一种神马，号称"乘之，寿两千岁"，也就是驾乘它拉的车，人就可以享寿两千岁。所以管子所说的"河出图，洛出书"与乘黄现世一样，是盛世的祥瑞。

《怪奇鸟兽图卷》（局部·乘黄），佚名，日本

《山海经·海外西经》云："白民之国在龙鱼北，白身披发。有乘黄，其状如狐，其背上有角，乘之寿二千岁。"

说法之二为易卦、洪范说。这是两汉时的主流观点。汉朝人普遍认为河图就是易卦，而洛书就是《尚书·洪范》九章。《汉书·五行志》云："易曰：'天垂象，见吉凶，圣人象之；河出图，洛出书，圣人则之。'刘歆以为伏羲氏继天而王，受河图，则而画之，八卦是也；禹治洪水，赐洛书，法而陈之，洪范是也。"也就是说，河图、洛书没什么可神秘的，我们现在随便去书店买本《尚书》就能读到它，它只是改了个名字。

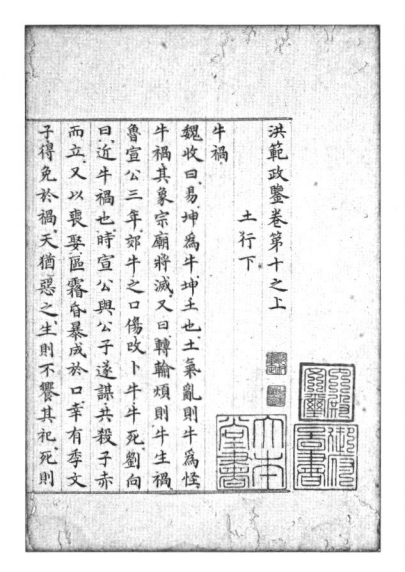

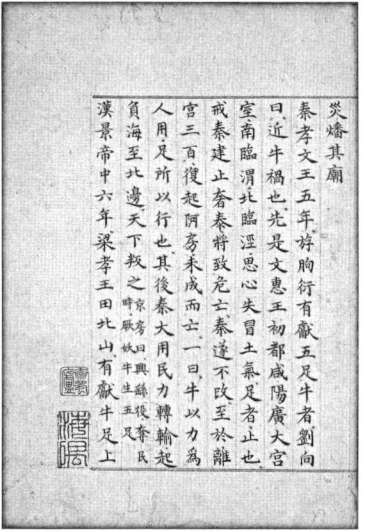

《洪范政鉴卷第十之上》（部分），宋仁宗赵祯撰

《尚书·洪范》主张天子建立"皇极"，实行赏罚，使臣民顺服，又提出"正直""刚克"和"柔克"三种治民方法。由于《尚书·洪范》认为龟筮可以决疑，政情可使天象变化，所以西汉以来，它成了儒家"天人感应"思想的理论基础。

说法之三，经说。到了隋唐时期，古人对河图、洛书又提出了新观点。有人认为河图和洛书都是独立的儒家经典，地位和儒家的六艺相同。其中，洛书有六篇文章，河图有九篇文章。六艺就是《诗》《书》《礼》《易》《乐》《春秋》，这六艺是儒家的六部经典，但其中的《乐经》因秦始皇焚书而失传了。这种说法认为河图、洛书和《乐经》一样，曾经也真实存在，而且是儒家经典，但因为种种原因失传了。

说法之四，天命说。古代帝王搞重大政治活动，经常会假借各种天命，其中就有假借河图、洛书的。比如《后汉书·祭祀志》记载光武帝接纳梁松（字伯孙，武威太守梁统之子、光武帝女舞阳公主驸马）的进谏，说河图、洛书里说了，朕得封禅泰山；《三国志·魏书·文帝纪》裴松之（字世期，东晋、刘宋时期官员、史学家，《三国志注》的作者）注说，魏文帝曹丕接受汉献帝禅位，说河图、洛书里写了，朕不得不当皇上；还有唐垂拱四年，武则天炮制"洛水宝图"事件，也是希望假借河图、洛书的"天命"给自己登基找理由。

我可以非常肯定地说，以上说法都不对。

首先，祥瑞说和天命说就不用说了，都是披着迷信外衣的政治谎言。而易卦、洪范说和经说，这二者不仅相互矛盾，也都不对。最简单的道理：无论是《尚书·洪范》还是经典，它们都是文章，文章的载体是文字。伏羲氏时代是石器时代，而最早的成熟文字系统甲骨文是商朝时出现的，这中间少说差了三五千年。伏羲氏所处的时代连文字都没有，怎么写文章？因此这两种说法也可以判定为伪。

既然古人们给出的所有答案都不对，那河图、洛书究竟是什么呢？我来分享一下我的观点，供大家参考。

关于河图、洛书,最可靠的、最原始的文献记载出自《易经·系辞上》。原文的意思是说,用来判定世间万事吉凶,掌握不断运动流变的未知事物,最能包容丰富万象的,就只有卜具蓍(shī)草和龟甲了。因此,上天化生了这样的神物,圣人以它为法;天地万物的变化规律,圣人效法于它;上天通过降下各种先兆,来预示事物的吉凶,圣人能够洞悉这种天象;黄河里浮出了河图,洛水中浮出了洛书,圣人以此为法则。

蓍草和龟甲都是古代的卜具。古人在龟甲上凿孔,再在孔里塞上一种干草,这种干草就是蓍草。占卜者点燃蓍草,利用

风干的龟

卜甲

火把孔周围的龟甲烧裂，再根据裂纹方向判断吉凶。这种古老的占卜方式叫灵龟占卜术。商代的甲骨文之所以叫甲骨文，就是因为它刻在龟甲和兽骨上。商周时期，当时的人用甲骨文书写的内容叫卜辞，所有的卜辞又都是以这种灵龟占卜术为中心展开的。一条完整的卜辞由前辞、命辞、占辞和验辞四部分构成。前辞写的是占卜的时间和占卜者的名字，命辞就是卜问的具体事项，占辞记录的是视兆者对吉凶的判断，也就是对裂纹显示出来的吉凶的判断，最后的验辞就是应验的情况，即这次占卜占得准不准。用来记录卜问情形的甲骨文虽然是商朝才出现并完善的，但甲骨文所服务的对象，即洛河流域及以南地区广为流行的灵龟占卜术，其历史远比甲骨文悠久得多。比如，位于河南省舞阳县北舞渡镇西南1.5千米贾湖村的贾湖遗址，出土了贾湖骨笛、贾湖契刻等珍贵文物，也出土了距今九千年至七千五百年的龟铃，其就是灵龟占卜术的卜具。

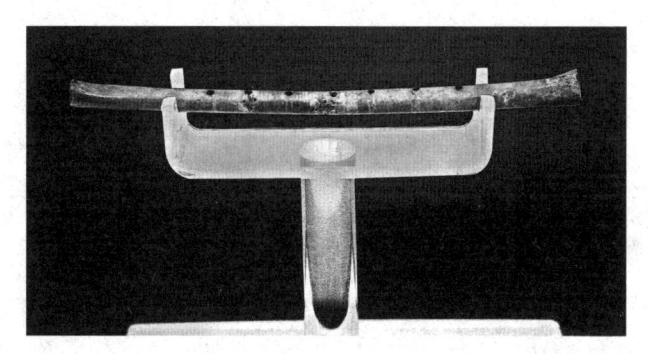

贾湖骨笛

贾湖骨笛是迄今发现的中国最古老的乐器，也是世界上最早的可吹奏乐器。它采用鹤类尺骨（翅骨）管制成。磨制精细，共七孔。其中，第六孔与第七孔之间有一小孔，经测音，可以发两变音，应为调整第七孔发音而钻的调音孔。另外，同墓出土有两件形制相似的骨笛，据测音研究，这两件骨笛调性不同，可视作一雄、一雌。这也表明，中国古代制作雌雄笛的传统可追溯至新石器时代。

据此，我认为河图、洛书中的洛书，指的就是这种灵龟占卜术。《易经》所说的"洛出书"，就是洛河流域及以南出现的灵龟占卜术。为什么洛书被称为书？"书"就是书契，是契刻符号。贾湖遗址出土了不少龟甲，其上有着契刻符号，这些符号之所以被称为符号，是因为它们数量少，不成体系，但这却是文字的雏形。

至于河图，也就是伏羲画八卦。《三皇本纪》说伏羲氏仰观天，俯览地，观察鸟兽身上的纹理，画出了八卦图。河图和八卦图有关，这个论断的问题不大。但河图既然和作为一种占卜术的洛书并列，那它应该也是一种占卜术。这种占卜术就叫"杯珓（jiào）卜"。

此器为圆形镜，龟形钮，八角形钮座。以镜钮为中心，依次环以八卦纹、十二生肖纹及铭文。铭文一周二十字："水银呈阴精，百炼得为镜。八卦气象备，卫神永呆（保）命。"

八卦镜，南宋至元

玉璧，良渚文化晚期

这是一件清宫旧藏的良渚文化晚期玉璧。玉璧采用闪玉雕琢，璧面极大，外径达27.35厘米至27.60厘米。圆周不正，边缘有伤缺，厚薄不匀，孔由二面对钻，错位甚大，孔壁微带浅旋痕。乾隆皇帝在得到此器后，命玉工在正反两面上分别刻了"乾"字与乾卦（三横线），并且在孔缘与器周缘重新雕琢了宽边，还将全器染成了褐红色。清宫旧档称之为"汉玉璧插"，可见，时人误将此物视作汉代玉璧，且本应配有大型紫檀木座，用来陈设。

提到杯珓卜，大家可能比较陌生，但杯珓卜的占卜文化，一直到今天都还有活态的文化遗存。以前在东北和北京，有种普及度特别高的游戏，主要是女孩玩得多一点儿，老北京人叫抓拐。这其实是东北地区传来的一种游戏，拐就是羊的髌骨（膝盖骨）。一块骨头扔起来，落地时哪一面朝上不一定。羊的髌骨有六个面，但其中两个面的面积小，而且是圆的，立不住，所以实际操作中，能朝上的面只有四个，也就是会出现四种情况。玩羊拐，至少要有一对，若是两两组合的话，一对羊拐就可以产生十六种可能。羊拐在满语中，发音是"嘎拉哈"，所以东北还会称之为"嘎拉哈"。

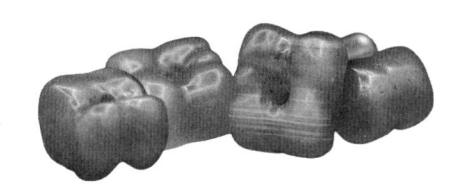

玉嘎拉哈，辽代、金代　　缠丝玛瑙嘎哈拉，清代

嘎拉哈，又名嘎什哈，是北魏以后北方许多草原民族及女

真人对髌骨（膝盖骨）的称呼，也叫距骨式器。它原取自羊膝骨，最初是杯珓卜的卜具，后来逐渐成为玩具或棋子。北魏以后，北方墓葬多有出土，也有以水晶、白玉雕成者，或以金属仿制者。东北地区有岁暮进嘎拉哈的旧制，至民国初年，仍是北方常见的一种戏具。叶名澧《桥西杂记》曾详述其游戏规则。

台北故宫有好几个白玉的嘎拉哈，玉质非常好。无论是清宫的佩饰嘎拉哈，还是老北京的玩具抓拐，它们都是远古占卜术杯珓卜的文化遗存。而考古方面，北方的仰韶文化，甚至更北方的红山文化和后来的夏家店文化的遗址中也都出土过杯珓，杯珓有可能是加工后的动物脊椎骨，更高级的甚至是经过磨平、钻孔，再用青铜锈染成绿色的动物髌骨，也有可能是成对的贝壳。杯珓中心的钻孔是为了穿上细绳，方便随身携带的。占卜时，占卜者将杯珓向上抛起，等杯珓落地以后，再根据杯珓的状态视兆。加工以后的动物脊椎骨可以人为规定阴面和阳面，贝壳则天然就有阴面和阳面。这些杯珓表面还会有天然或人工的纹理，纹理自身又有朝向。如果占卜者在地上画出八卦图，那还可以用杯珓落地的具体位置去参照八卦图，得出的兆自然有千万种变化。

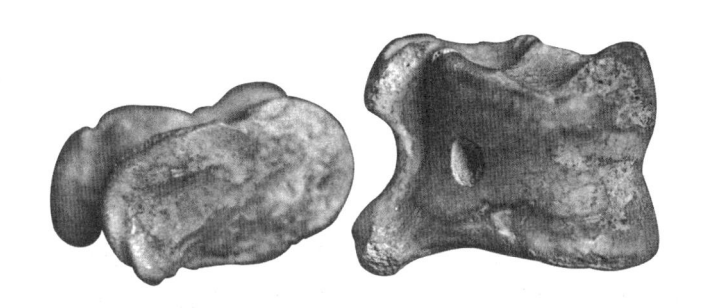

染色杯珓卜具，红山文化

蚌壳杯珓卜具（正面），商代　　蚌壳杯珓卜具（背面），商代

总之，这些卜具的出土都证明，太古时期，杯珓卜就已经广泛流行于黄河流域及以北地区了。而《易经》中所说的"河出图"，指的就是它。所谓的伏羲画八卦，就是完善、改良杯珓卜的行为。他通过八卦图，将原来最简单的那几十种兆全面丰富、提升，创造出了能够与灵龟占卜术的龟壳裂隙一样无穷变化的占卜规则。

以上是我个人对河图、洛书的看法。既然我认为它们只是两种占卜术，那为什么古人会将它们视作智慧之源呢？在伏羲氏的时代，占卜意味着人对于自然不再逆来顺受，开始谋求改造世界，并且希望通过一些已经总结出来的规律（也就是卦），来预测未来（也就是兆）。伏羲氏总结出来的规律可能是错的、不科学的，但这是因为他受限于所处时代人们的认知水平。他们这种渴望预判事物发展、渴望预测未来的理想和我们今天应用大数据、云计算的目的其实没有本质上的差别。也就是说，理想本身没有变，无非是技术上有八千年的代差罢了。所以，我们必须要接受智慧来自蒙昧，而智慧的本质就是不断摆脱蒙昧的过程。这正是河图、洛书在伏羲氏时代的历史意义。

易系辞册（部分），朱熹书，南宋

易有太极。是生两仪。两仪生四象。四象生八卦。八卦定吉凶。吉凶生大业。

> ……古者伏羲氏之王天下也。仰则观象于天。俯则观法于地。观鸟兽之文。与地之宜。于是始作八卦以通神明之德。以类万物之情。天地定位。山泽通气。雷风相薄。水火不相射。八卦数相错往者顺。知来者逆。是故易逆数也。
>
> ——《易经·系辞》

事实上，河图、洛书的意义，占卜的意义，于长夜中寻找光明的意义，也已经被后来的历史肯定了。甲骨文诞生的原动力就是灵龟占卜术的发展和应用。人因为想要趋利避害，所以才去占卜，又因为要记录占卜的事宜，所以才发明了文字，并且不断地完善文字系统。古代有一种观点，认为伏羲创造了文字，并且用文字替代了结绳记事。客观上说，伏羲造字是不可能的，因为文字的萌芽，以及文字系统的完善，不可能是一朝一夕的事情。甲骨文是商朝横空出世的吗？当然不是，横空出世的只是殷墟遗址，我们只是在其中碰巧发现了已经完善了的甲骨文，而它之前不断完善的过程不是没有，只是证据还没有被发现罢了。应该说，"文字起源于伏羲氏时代"的论断，是准确的。比如存在于距今约七千年到五千年，位于黄河中下游的仰韶文化，就出现了原始的文字雏形——仰韶陶文。偏南一些的距今约九千年至七千五百年的裴李岗文化贾湖遗址，同样出现了原始的文字雏形——贾湖契刻。这些文字符号算不上文字，因为字数太少，不成体系，但它们是文字的雏形，是文字发展的原始阶段。因此，如果没有原始文化中的占卜术，也就没有文字的发明了。

仰韶陶文，仰韶文化

陶文出现于新石器时代晚期，是文字的雏形。黄河流域的仰韶文化、大汶口文化和龙山文化都出土过象形陶文。其中，仰韶陶文大多模仿麦芒和青蛙的形象，图案抽象，难于释读。大汶口文化遗址出土了二十余个象形陶文，有些像武器中的钺和锛，有些像是象征王权的羽冠。龙山文化的最接近甲骨文，考虑到商方国早期深受东夷文化的影响，龙山象形陶文很可能是甲骨文的主要源流。

在伏羲氏所处的时代，在部落联盟的作用下，北方粟作文化和南方稻作文化狭路相逢，而占卜术作为原始文化的绝对核心，成了文化交流和争锋的汇聚之处。最终，随着联盟的稳固，原始国家诞生，形成了多元融合的华夏文明。古老的占卜术，也随着文明的成熟和开化，先是被后人遗忘，又被后人的后人不断神化，有了"河出图，洛出书"的说法。

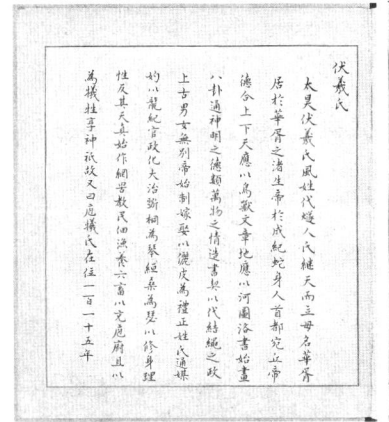

历代帝王圣贤名臣大儒遗像·伏羲，佚名，清代

4. 女娲与盘古，都是大葫芦

在神话传说中，女娲氏是伏羲氏的夫人。汉代的时候，伏羲氏和女娲氏是最常在画像石上出现的神话人物，二人一般出现在画面的最上方，均为人面蛇身，身体螺旋缠绕。

中国人都熟悉女娲氏的神话传说，对女娲氏的记载也很多，《史记》《汉书》《淮南子》《风俗通义》《帝王世纪》《独异志》《路史》等史籍都有记录。总结起来，女娲神话实际上有三个，分别是女娲化神、女娲造人和女娲补天。造人和补天我们比较熟，但其实化神是这三类女娲神话中最原始的，造人和补天都是根据化神的神话演化出来的。

画像石的主体是人身蛇尾的伏羲，正一只手托举太阳。伏羲上方是一尊跪坐的神怪，手捧食盘，正在喂食金乌。下方是二神与盘羊嬉戏。

伏羲举日画像石，汉代

画像石的主体是人身蛇尾的女娲，正手捧着月轮。女娲两侧分别是青龙和白虎，上方是一只蟾蜍，下方是二神与盘羊嬉戏。

女娲捧月画像石，汉代

《山海经·大荒西经》中记述，有十个神，他们是女娲氏的肠子化生而成的。这个"肠"不是今人熟悉的消化系统里的大肠或小肠，而是洪荒时代原始先民误以为肠的女性生殖器。当时的人认为婴儿是由母亲的肠子化生而成的。今天有些地方俗语里还将卵巢、输卵管称为"花花肠子"，引申为狡猾的心计之意时，就有了俚语"一肚子花花肠子"。当然，这是因为上古时期人们对人的生理构造认知不足。

女娲之肠，蒋应镐、武临父绘，明代

以这个最原始的神话为底本，后来的古人把它的精神内核提炼了出来，改编成了我们熟悉的造人和补天的故事。造人的故事就是化神故事的直接转化，其内核仍然是生殖崇拜、女阴崇拜，无非是换了种表述手法。但转为补天，就复杂了一点。要说清楚这个问题，又得先了解一下女娲补天神话的文化背景,也就是中国古代另外一个著名的神话传说——共工怒触不周山。

在这个故事中,共工氏和祝融氏之间爆发了战争,共工氏落败,十分愤怒,于是用头冲撞了不周山。

> 西北海之外,大荒之隅,有山而不合,名曰不周。
> ——《山海经·大荒西经》
> 西北方戎狄所居之地以外,大荒的角落,有一座断裂而合不拢的山,名叫不周山。

结果不周山崩塌,擎天的天柱折断了,维地的绳子也断了。女娲这才熔炼五色石去补天。传说中,共工氏是水神,能控制水,实际上共工氏指的是一个部落。根据《管子·揆度》的记载,共工氏当政的时代,天下水占七成,陆占三成,他们凭借自然之势控制天下。共工氏领导的部落和中原华夏民族一直有矛盾,从女娲氏开始,到后来的二皇、五帝,一直和共工氏有战争发生,这是长期的历史背景。因此《尚书·尧典》中把共工和驩(huān)兜(尧的儿子丹朱的后代)、三苗(接受驩兜国册封的古族)、鲧(gǔn)[颛顼(zhuān xū)儿子、禹的父亲]并列,合称"四罪",即四个有罪的部落。《尚书·尧典》有言,共工最终被舜流放到了幽州,后来逐渐变成了北方蛮族。当然，这是共工的下场和后话了。

这是一件青玉嵌宝石的玉雕如意。正面嵌有十彩宝花，首面嵌一桃树，桃实由紫色碧玺雕成，树干由茶色碧玺雕成，桃叶由碧玉雕成，树根生长于五色寿石当中。

青玉嵌宝石福寿如意，清代

传说中和共工氏对战的祝融氏是火神，这种说法其实不准确。"祝融"只是一个官名，其职务是火正，也就是部落中掌管火种的官吏。因此，历史上担任祝融一职的人应该有很多，而和共工氏交战的这位祝融是谁呢？《晋书·宣帝纪》说是高阳皇帝的儿子，也就是颛顼的儿子，名叫重黎。跟共工氏作战的祝融是不是重黎，这个其实还有待考证。总之，这场战争是爆发在女娲氏时代的。

先秦时期，主要是商周这一时段，流行一种宇宙观，叫盖天说。简单地说，就是当时的人们认为，天是一个半球形的盖子，地面是一个平的四方块，就像一个棋盘。这样的话，天这个穹顶需要九根立柱撑着，地这个棋盘需要四根绳子在四角系着。结果共工怒触不周山，撞断了柱子，扯断了绳子，世间从此天塌地陷、洪水滔天。需要注意的是，这次大洪水和大禹治水没有关系，此时大禹还没出生。这是神话的表述方式，而它对应的历史真相应该是：共工氏和祝融发生部落大战，共工氏虽然仗打输了，但是人家有水军，撤退的时候，顺手就把大坝给扒了，或者是把河流弄决口了。这下共工氏虽输未输，华夏虽胜未胜，二者后来的长期斗争自不必说，眼下得先有人出来组织抗洪抢险，先把危机度过去。女娲补天，讲的就是这件事。

那么，为什么女娲补天就是女娲之肠化为神呢？为什么说化神和补天这两个神话应该理解为同一个神话的两种表述呢？

在女娲补天的神话故事里，补天的具体方式是熔炼五色石。五色石也叫五色玉。这个神话最早见于《淮南子》，也就是说，女娲补天的故事是西汉才有的。

> 往古之时，四极废，九州裂，天不兼覆，地不周载。火爁（làn）焱（yàn）而不灭，水浩洋而不息。猛兽食颛民，鸷鸟攫老弱。于是女娲炼五色石以补苍天，断鳌足以立四极，杀黑龙以济冀州，积芦灰以止淫水。苍天补，四极正，淫水涸，冀州平，狡虫死，颛民生。
>
> ——《淮南子·览冥训》

古时候，四极崩坏，九州塌陷，天不能覆盖全部土地，地不能周全承载的万物。熊熊烈火不熄灭，滔滔洪水不停息。猛兽吃了善良的百姓，猛禽抓走了老人和弱小。这个时候，女娲熔炼五色石补天，折断了鳌的腿支撑四极，杀死了黑龙救济冀州，积聚了芦灰使洪水停滞。天被补漏，四极重新端正，洪水停息，冀州成平地，猛兽死了，百姓活了。

那为什么女娲之肠的传说夏朝就有，但熔炼五色石补天的故事却要在西汉才出现呢？因为五色石实际上就是琉璃，即古法玻璃，在西周末年才通过贸易传入中国，而中国人自己独立掌握琉璃烧造技艺的时代则晚一些，要到春秋时期。

琉璃器最早见于埃及和西亚，大约在西周末年通过贸易传入中国。中国掌握琉璃烧造技艺的时代则更晚些，要到春秋以后。但中国琉璃烧造从技艺与内涵上，在一开始就表现出显著的本土化特征。在技艺上，中国本土烧造的琉璃制品含有大量铅、钡成分，称铅钡琉璃，而西亚琉璃则称钙钠琉璃。在内涵上，中国本土的琉璃消费迎合的是春秋战国至秦汉之间长生不老生命观的形成和发展，而西亚的琉璃珠则是对抗"恶眼"的"善眼"。琉璃器与琉璃烧造技艺作为舶来品，在中国经历了复杂的本土化过程，

蜻蜓眼琉璃珠，战国

拥有悠久的历史，完成了工艺上的多次飞跃。到了清代，中国的琉璃烧造工艺达到了巅峰。清康熙三十五年（1696年），康熙皇帝在养心殿造办处下设琉璃厂，此后，造办处琉璃厂出品的琉璃器又作为赏赐物出口外藩。

套绿料楼阁鼻烟壶，通体乳白色不透明，套以绿色琉璃，雕刻纹饰。器身雕腾云楼阁、海龙波涛及云纹等。

套绿料楼阁鼻烟壶，清代

金星琉璃灵芝如意，采用镂雕工艺，柄上缠绕数柄小灵芝，小芝之茎自趾部缘柄攀绕而

金星琉璃灵芝如意，清代

上，柄略弯曲，和首黏接，纹饰首柄连贯一致。

关于长生不老的问题，后续我们讲到秦皇汉武的时候，再详细说一说，现在我们还是来谈谈五色石、五色玉。所谓的五色，就是青、赤、白、黄、黑。

> 青为肝，赤为心，白为肺，黄为脾，黑为肾。
>
> ——《黄帝内经·灵枢·五色》

因此，女娲熔炼五色石，并不是挖矿石烧琉璃，而是作为神用自己的身体器官去熔炼五色石。这不正是女娲之肠化生为神的延续吗？此外，在该神话故事中，女娲还砍断了海里神介鳌的腿，神介鳌又是什么呢？

介是盔甲，引申为动物的硬壳，所以有硬壳的动物在古代都被称为介，比如乌龟。鳌，通常指的是传说中海里的神龟、神鳌，或者是一种龙头鱼身的鳌鱼。但这里的鳌应该是大螃蟹。

这是一件以鳌鱼为形象参考创作的青白玉巧雕花插。玉料晶莹润泽，外皮有黑色。

传说中，鳌鱼原本是黄河中的鲤鱼，因跃过了龙门，成为鳌鱼，幻化出了龙头。因此，鳌鱼的形象就是龙和鲤鱼的结合体，龙头而鲤身。而"鱼跃龙门"象征着飞黄腾达，所以具有美好的寓意。

玉鳌鱼花插，明代

《山海经》中写到一种大蟹,其他古籍中,也有称之为千里蟹的。

> 射姑国在海中,属列姑射,西南,山环之。大蟹在海中。
> ——《山海经·海内北经》

射姑国位于大海当中,它归列姑射管辖。它的西南方,被群山环绕。千里蟹在海里生活。

> 昔有海商,海中行,遇洲渚,林木茂甚,乃杂舟登岸,爨(cuàn)于水旁。半炊而林没,急断缆,乃得去。详祝之,大蟹也。
> ——《岭南异物志》

从前有个做远洋贸易的商人,有一次出海遇见了一个岛。他见岛上树高林深,便把船开了过去,然后登了岸。商人在岸边做饭,结果饭刚做到一半,忽然发现岛上的森林消失了。商人吓坏了,急忙割断了缆绳,驾船往外海走。等他再仔细看刚刚的那座海岛——哪里是什么海岛,分明就是传说中的大蟹。

女娲补天的传说中的神介鳌,可能就是这种大蟹。那么神介鳌的腿,应该就是螃蟹腿。传说中,女娲用螃蟹腿支撑东南西北四极,也就是地的四个角,又焚烧芦苇,用草木灰阻挡了洪水。这一番"神仙操作"下来，天地承平，恢复如初。这是神话里女娲的功劳，但它在历史上所对应的恰恰是大战之后治乱的功勋。以上这些，就是由传说再反推出来的女娲氏所处时代的历史。当然，这个"历史"的真实性要打一个问号，因为神话并不是历史，它不能准确地提供历史事件发生的时间，进而我们也很难判断神话人物所处的准确时代。但可以肯定的是，在太古冗长的历史中，一定存在过类似的人和事，它们最终以女性神女娲的形象和化神或补天的形式呈现在了口口相传的神话当中。

讲完了这些从神话学角度得出的关于女娲氏的结

秋瓜图，钱选绘，元代

这幅画描绘的是瓜熟之际，野草旁生，新花又开的田园一景。作者以工笔淡彩的方法处理瓜、花、叶的关系，而野草则勾线设色与没骨法兼用，如意洒落，尤显野逸。此图精致典雅，可谓与宋代小品画一脉相承，却又透出一股书卷之气。

论，我想再追问几句，女娲真的是伏羲的妻子或者妹妹吗？女娲为什么叫女娲呢？这种问题在商朝以后没什么意义，因为晚商以后，甲骨文已经非常成熟了，人的名字即便不是父母预先起好的，起码也是当世就有了。但在这之前，特别是在太古史时期，我们听到的名字一定不是那个人活着的时候就叫的名字，而是后人根据他的功绩、特征编出来的。比如之前我们讲到的天、地、人三皇，有巢氏、葛天氏和燧人氏，他们每个人的名字无一不言说着其自身的功绩或所处时代的历史风貌。所以我想，女娲和伏羲这两个名字应该也属此类。女娲为什么叫女娲，伏羲又为什么叫伏羲呢？我认为，"女娲"中的"娲"其实是"瓜"的音转，"女娲"就是"女瓜"；或者"女娲"两个字干脆是"瓜"一个字的缓读，"女娲"就是"瓜"，此处的"瓜"就是大葫芦。以葫芦为部落的女性首领命名，表明这个部落具有葫芦崇拜的文化现象。人为什么要崇拜葫芦呢？

  这一现象和古人喜欢石榴、莲蓬同理，因为石榴和莲蓬都象征着多子；葫芦也好，瓜也罢，这些果实也多籽。这是第一层原因。神话中，女娲之肠化生为十二个神人，也就是一次能生十二个孩子，这其实也是从葫芦多籽的特性中发展来的，是超乎人类生殖能力的一种生殖崇拜。因此女娲之肠，于人是肠，于瓜是瓤，"肠"字与"瓤"字，恐怕也是读音相近而转化。原始先民认为人的肠子化生为人子，认为瓜的瓤子化生为瓜籽，所以女娲之肠又是瓜之瓢。马家窑文化的葫芦形彩陶瓶就是太古葫芦崇拜的文物证据。

葫芦形网纹彩陶壶，马家窑文化

葫芦形网纹单儿彩陶壶，马家窑文化

葫芦作为崇拜物的第二层原因，可能是葫芦可以漂浮在水上。甘肃一带至今还有传说认为，在太古的大洪水时代，人是坐在巨大的瓢中躲避水灾的。瓢是切开后的半个葫芦，堪称东亚版的诺亚方舟。当然，这些民间传说缺乏文献证据，很难讲真是从太古或先秦流传下来的。但我认为，葫芦或各种瓜的特性，倒是完全有可能成为原始先民崇拜的理由。葫芦或瓜都将籽保存在果实中，人或者动物吃掉果实，再把不能吃的种子随手丢弃，这无形之中就促成了植物种子的传播，促成了葫芦的繁殖。葫芦护籽，并且助籽成长；人坐在瓢上躲避水灾，并且远离故土，重新开枝散叶，播撒文明成果。二者也算是异曲同工。

此器长侧颈，口部凹弧，下腹鼓，圈足微外撇，通体似瓠。盖以环炼与器身上腹部之圆环相连，下腹有一突出方环，器盖饰蟠龙纹，颈部光素无纹，器腹饰一周窃曲纹，下为四层垂鳞纹（西周晚期至春秋时期的青铜装饰纹样，近似鳞纹，主线以粗线勾出，中衬以细线之云雷纹。多用于器物底部和壶形器的盖部）。

垂鳞纹瓠形青铜壶，春秋

蟠虺（pán huǐ）纹瓠形青铜壶，战国

全器以匏瓜为造型，器盖以鸟为形，足踩双蛇，鸟嘴可开合，尾上扬附环，以提链与柄相连，柄于腹下侧作双兽首形，提链作蛇形。颈饰三角纹，内填雷纹，腹饰蟠虺纹（春秋战国时期常见的青铜装饰纹样，由小蛇组成，作蟠旋交连状。小蛇头型呈三角形或圆三角形，圆眼凸出，体有鳞节），腹部范线明显。

绚（táo）纹鸟首瓠形青铜壶，战国

全器以匏瓜为造型，器盖以鸟为形，尾上扬附环，以提链与柄相连，颈饰绚纹（春秋中期至战国早期的青铜装饰纹样，亦称绳纹、扭丝纹，属于几何形纹的一种。由两条绳索相纠结，或两股、或三股、或四股不等。多作辅助纹饰施于器物口沿、圈足或耳部等处），腹饰蟠虺纹。

顺着这条线索，我们可以把好几位神话人物放回到历史中联系起来了，他们就是女娲、伏羲、盘瓠或者盘古。

从科学的角度上说，世界的起源，好像要追溯到宇宙大爆炸。而如果在中国古代的神话传说中，世界的起源一定会追溯到盘古开天地。盘古开天地的传说故事和我们同样非常熟悉的女娲补天、伏羲画八卦、大禹治水等太古传说都不一样，它说的虽然也是太古时期的事情，却没有任何一本先秦古籍提到过它。

盘古开天地最早见于三国徐整所著的《三五历纪》，但近代学者普遍认为，这个传说可能和其他太古传说一样，诞生的时代很早，只是一直口口相传，没有使用文字去记载。《三五历纪》中说盘古"垂死化身，气成风云，声为雷霆，左眼为日，右眼为月，四肢五体为四极五岳，血液为江河，筋脉为地里，肌肉为田土，发为星辰，皮毛为草木，齿骨为金石，精髓为珠玉，汗流为雨泽"。这种身体器官化生为他物的表现手法明显和女娲之肠化神、女娲以身体熔炼五色石以补天的故事如出一辙，也与《山海经》中夸父逐日，"其杖化为邓林"的情节相似。

    夸父与日逐走，入日。渴欲得饮，饮于河渭，河渭不足，北饮大泽。未至，道渴而死。弃其杖，化为邓林。

            ——《山海经·海外北经》

    夸父追逐太阳，渐渐追上了太阳。夸父口渴想要喝水，于是就去喝黄河和渭河中的河水，结果这两条河的河水竟然不够他喝，他就想向北去大泽继续喝，却因为口渴死在了去大泽的路上。他死时扔掉了自己的神杖，神杖便化成了邓林。

只不过，盘古开天地的情节因为是在三国时期被整理并且深加工的，所以表述得太清楚了。但这种表述方式，应该还是延续了太古神话的原始风貌的。

这是盘古其事，我们再来看盘古其人，他是谁呢？

> 昔高辛氏有犬戎之寇，帝患其侵暴，而征伐不克。乃访募天下，有能得犬戎之将吴将军头者，购黄金千镒，邑万家，又妻以少女。时帝有畜狗，其毛五采，名曰槃瓠。下令之后，槃瓠遂衔人头造阙下，群臣怪而诊之，乃吴将军首也。帝大喜，而计槃瓠不可妻之以女，又无封爵之道，议欲有报而未知所宜。女闻之，以为帝皇下令，不可违信，因请行。帝不得已，乃以女配槃瓠。槃瓠得女，负而走入南山，止石室中。所处险绝，人迹不至。
>
> ——《后汉书·南蛮西南夷列传》

在《后汉书》《搜神记》《玄中记》中，都记载了一条名叫盘（槃）瓠的狗。据说，从前有个老妇人长期患有耳疾，后来经过治疗以后，从耳朵里掏出了一个大如蚕茧的不可描述之物。老妇人把这个不可描述之物扣在了一个瓢里，结果它变成了一条五色神犬，这就是盘瓠。盘瓠长大以后，正值戎吴部落屡屡犯边，君主以赏千金、封万户侯的奖励悬赏能够诛杀戎吴首领的人。后来，盘瓠这条神犬完成了任务，不仅获得了封赏，而且还娶了君主的女儿。再后来，盘瓠的后代生生不息，建立了《山海经》中的犬封国。犬封国以犬为名，正是这个原因。

和女娲、盘古这些纯粹的神话人物不同，盘瓠今天仍旧是苗族的始祖神。在今湖南省怀化市麻阳县，还有近两百座盘瓠庙，麻阳盘瓠祭这一祭祀礼仪还是湖南省省级非物质文化遗产。这个神犬盘瓠其实就是盘古。盘瓠、盘古，一音之转。

松花石甘瓜石函砚，清代

黄杨木雕卧瓜式盒，清代

翠玉双瓜鼻烟壶，清代

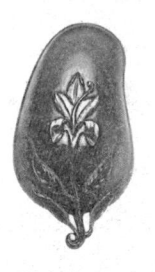

玉单柄瓜式水盛，清代

随着华夏文明的演进，根植于原始文化的太古瓠瓜崇拜逐渐演化成为一种瓠瓜文化。人们以瓠瓜作为吉祥的象征，乐于以瓜为造型制作各种器物，装点日常生活。清代的瓠瓜造型器物格外丰富，有文人用的砚台、水盛，有宫廷陈设的纯赏器、收纳器，也有达官显贵日常所用的鼻烟壶，等等。瓠瓜形器的用材更是突破了春秋战国时期的青铜，覆盖了玉、石、瓷、竹、木、牙、角等各种材质。这表明了古代社会中，人们对瓠瓜的喜爱。

盘瓠这一形象可能随着原始古族的演化和太古时期的文化交流，从单一古族的始祖神演化成东亚范围内广泛流传的创世神。而盘瓠虽然以神犬的形象示人，但盘瓠以瓠为名，瓠就是瓜，那为什么以瓠为名呢？神话中说得很明白，它是因为被倒扣在了瓢里面，才变成了五色神犬。所以说，盘瓠也好，盘古也罢，最初的本源也是一个葫芦。

同理我们再来看看历史中真实存在的伏羲。伏羲又名包牺，"包"是什么呢？闻一多先生认为，"包"就是"匏"，这个观点很正确。"匏"字的左边是一个"夸"，右边是一个"包"，其实说的也是瓜、葫芦。为什么"匏"字从"包"呢？因为葫芦里面有籽啊。但闻一多认为，伏羲是"匏犧"，等于"伏羲"二字也是葫芦。对于这一点，我有不同的看法。我认为，伏羲的"伏"是匏，而"羲"应该是"犀"字，所以伏羲应作"匏犀"。《诗经·卫风·硕人》里有一句，"手如柔荑（tí），肤如凝脂，领如蝤蛴（qiú qí），齿如瓠犀（她的手像春荑一样柔嫩，皮肤像凝脂一样嫩滑，脖子似天牛的幼虫一样又白又直，牙齿若瓠瓜籽一样整齐）"。《诗经》中的这个"瓠犀"，就是瓠瓜、葫芦里的洁白、饱满如牙齿的籽。因此匏犀就是瓠犀，也就是伏羲，他就是一粒洁白的葫芦籽。

茶叶末釉瓜棱瓶，清代 　　　　　斗彩花卉瓜棱瓶，清代

画珐琅瓜楞式壶，清代 　　　　　画珐琅瓜楞式手炉，清代

清代的瓷器中有一种特别的样式，这类瓷器的器身削成凹凸起伏之棱瓣，如同瓠瓜起伏的瓜楞，因此有瓜棱瓶或瓜楞形之称。

按照神话的说法，创世神盘古开辟天地，盘古原本是男性的始祖神盘瓠，他是一个葫芦；而女娲造人又补天，女性的始祖神女娲同样也是一个葫芦。虽然古人说，伏羲、女娲是夫妇或是兄妹关系，但我认为，女娲和伏羲更像是一对"母子"，这不仅是因为他们的名字一个是葫芦、一个是葫芦籽，更因为他们二人之间存在着神话与历史上的代差。女娲或者盘瓠这些始祖神，象征着虚无缥缈的纯神话时代，而伏羲正是神话时代的终结者。自他以后，我们已经能够从传说中拼凑出相对客观的历史主线了。尽管在这个历史主线的开端处，我们仍旧能够看到类似葫芦崇拜的原始文化烙印。文化起源于蒙昧，这是太古史带给我们的一条真理。未来我们还将在诸多历史事件和历史人物身上验证这样的真理。其实顺着葫芦崇拜这个文化原点往后看，在后来的庙堂文化、文人文化与民间文化，乃至于今天的生活中，我们也能找到更多葫芦崇拜、瓠瓜崇拜的影子。

第三章

走出神话时代

1. 炎帝神农氏

从本节开始,我们将走出神话,走到更加清晰的历史主线中来。按照《十八史略》的记载,女娲氏死后,中国先后出现了共工氏、大庭氏、柏皇氏、中央氏、历陆氏、骊连氏、赫胥氏、尊卢氏、混沌氏、昊英氏、朱襄氏、葛天氏、阴康氏和无怀氏。

> 女娲氏没,有共工氏、大庭氏、柏皇氏、中央氏、历陆氏、骊连氏、赫胥氏、尊卢氏、混沌氏、昊英氏、朱襄氏、葛天氏、阴康氏、无怀氏。风姓相承者十五世。
>
> ——《十八史略·卷一》

以上这些氏族首领都是当时中国最大的部落联盟的盟主,他们都出自风姓氏族,也就是太昊伏羲氏的氏族。盟主的位子在风姓氏族中传递了十五代之后,终于迎来了又一位伟大的先王。他就是三皇之二——炎帝神农氏。

帝王道统万年图册（局部·炎帝），仇英绘，明代

　　炎帝是炎黄子孙公认的文化始祖之一。炎帝姓姜，传说中长着人的身子和牛一样的头，类似影视剧里的牛魔王。其实回想一下，太古传说当中，仿佛很多人文始祖的长相都是半人半兽，非常怪异。太古的天神、人文始祖大多是人面蛇身，比如伏羲、女娲、共工、相柳、窫窳（yà yǔ）、贰负等人都是这样；或者是龙身而人头的，如雷神、烛龙、鼓等，就长成这样。我们阅读先秦古籍，读到太古时期长相怪异的人文始祖时，应该如何理解这样的表述？是直接把他们理解成类似《山海经》《述异记》中的怪物，还是把他们视作古希腊奥林匹斯山上众神一样的纯神话人物？

风神、雷神图屏风，日本，江户时期

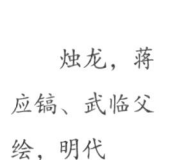

烛龙，蒋应镐、武临父绘，明代

其实，这两种理解都不对。我们都知道，在原始时期狩猎还是相对困难的，聪明的原始人就开始琢磨了：世间的动物原来是各有各的"法宝"。鹿吃草不吃人，但鹿角硬，所以在草食动物中，它的防御力很强；马没角，也不吃人，但马天生大长腿，跑起来速度快；乌龟倒是小短腿、跑得慢，又不吃人，还没有角，无奈龟壳硬，里面还没什么肉，烧烤的话吃肉难，煲汤的话还废火……总之，各种动物能存活下来，全都是因为拥有天然的好"装备"。于是，原始人就思考：若能把动物的"装备"占为己有，那不就能提升自己的各种能力了吗？于是乎，一时之间，全中国的原始先民猛然开启了"打怪抢装备"的游戏模式：有人把鹿角做成了冠戴在头上，有人把马腿绑在了自己腿上，有人披上牛皮，甚至是虎皮……总之，在很长一段时间内，各个部落、各个氏族都忙着研发各种各样的动物类"装备"，甚至有些部落和氏族还研发了植物类的"装备"，但是最终的结果可想而知。一番实验以后，所有人都发现：这些"装备"跟自己完全匹配不了，它们长在动物身上有用，装在人身上却什么用也没有。于是，聪明的原始人恍然大悟，只有真的从自己的身体里长出鹿角、马腿、虎皮，才能获得相应的能力提升。

但是，人当然不可能真的长出动物的器官来。所以原始人、原始文化就开始以现实中的事物为原型来造神，希望通过对神的膜拜来获得神力。于是，无论是东方还是西方，无论是北半球还是南半球，所有的原始文化或历史悠久的神话传说中都出现了半人半兽的神。我们熟悉的西方的半人马、《山海经》中各种各样的山神,全是这种原始文化背景下的产物。而我们从前讲过的伏羲、女娲,现在要讲的炎帝,以及以后我们还会讲到的西王母(西域的部落酋长,传说中掌管不死药的女性神仙,是道教人物王母娘娘的原型)等,这些神话形象的出现也都属于相同的情况。

> 又西三百五十里曰玉山,是西王母所居也。西王母其状如人,豹尾、虎齿而善啸,蓬发、戴胜,是司天之厉及五残。
>
> ——《山海经·西山经》
>
> 再往西三百五十里的地方叫玉山,是西王母居住的地方。西王母的形貌像人,却长着豹子一样的尾巴和老虎一样的牙齿,而且善于咆哮,蓬松的头发,佩戴玉胜,是主管上天灾厉和五刑残杀之气的神。

古籍中的人物们怪异的长相其实都是在向我们言说着他们所处的时代以及所在原始文化的生产生活方式与原始宗教特征。

西王母画像石，汉代

因此，神话人物的形象是荒诞的，但它所反映的历史上现实世界中的理想是质朴、真实的。建立起这样一个基本认知后，再来阅读古代史官记录的太古传说，我们就不会觉得它们只是毫无意义的传说了。

那么，人身牛头的炎帝神农氏，在历史上有哪些功绩呢？

总结起来，有四条。首先，一般的先秦古人以居住地为氏，比如帝尧陶唐氏、帝舜有虞氏，陶唐和有虞都是地名。而炎帝称神农氏，不以地名为氏，而是号称神农。显然，他一定在种田方面得心应手。有些古籍认为炎帝神农氏是农耕的发明人，这个从时代的角度来说对不上，因为华夏民族文化核心区的农耕生产起码在八千年前就已经开始了。因此炎帝神农氏于农耕之功劳不能是开创，只能是改良。根据《三皇本纪》（包括《十八史略》也采纳）的说法，炎帝发明了手犁，即最原始的犁地工具，有效地提升了农耕生产的效率。

斩木为耜（sì），揉木为耒（lěi）。

——《十八史略·卷一》

他斩断树木做成农具手犁，将木头弯曲做成手犁的木柄。

中国古代农具的发展过程中出现了三次技术革命，先秦有两次，这是第一次，也就是手犁的出现。后面还有一次，讲到西周时会提及的叔均发明牛耕。再就是唐朝的曲辕犁。

太平乐事册·牧归，戴进绘，明代

另外，像《绎史·卷四》引《周书》提道："神农之时，天雨粟，神农遂耕而种之，作陶冶斧斤为耒、耜、锄、耨（nòu），以垦草莽。然后五谷兴助，百果藏实。"神农氏的时代，天上像下雨一样降下粮食。于是神农氏耕种这些粮种，烧陶冶金做成耕地的耒、翻土的耜、锄地的锄头和除草的耨，开垦荒地。这之后，五谷丰登，百果丰收。按照这种说法，神农氏播种的粮食种子不是地上产的，而是天上产的。《拾遗记》中说得就更明白了，说是炎帝时期，有一只红色的鸟叼着九个穗的禾苗从天上飞过，结果禾苗掉了，炎帝捡起来，就把它种在了土里。

> 炎帝时有丹雀衔九穗禾，其坠地者，帝乃拾之，以植于田，食者老而不死。
>
> ——《拾遗记·卷一》

一根杆抽一个穗，这是正常的。一根杆抽九个穗，算是什么呢？在古人看来，这就是祥瑞。汉光武帝叫刘秀，他为什么名秀？因为"秀"的本义就是粮食作物抽穗开花，刘秀的字面意思就是刘抽穗、刘开花。为什么叫这个名字呢？《后汉书·光武帝纪下》里说得很清楚，刘秀的父亲当初担任济阳县的县令。西汉建平元年十二月的甲子日的夜里，也就是公元前5

年1月13日的夜里,刘秀出生于济阳县县衙。当年,济阳县境内有一棵禾苗,一根茎干上就抽出了九个穗,于是为了讨个好彩头,刘秀才叫了这么个名字。

> 皇考南顿君初为济阳令,以建平元年十二月甲子夜生光武于县舍,有赤光照室中。钦异焉,使卜者王长占之。长辟左右曰:"此兆吉不可言。"是岁县界有嘉禾生,一茎九穗,因名光武曰秀。
>
> ——《后汉书·光武帝纪下》

古人眼中的九穗禾是祥瑞,那今人怎么看呢?这其实就是植株变异。因此,炎帝是人工选择了变异后的稻种来种植的,换言之,炎帝在改良栽培稻。这其实就是神农之所以为神农,以及他对农耕文明和农耕经济作出了第二大贡献的原因。

除了农业,炎帝的第二条功绩是发展了商业,这里的商业主要指的是贸易。他教导人们在正午时设立市场,交易完成以后离开。

> 教人日中为市,交易而退。
>
> ——《十八史略·卷一》

所以说，中国最早的市集是午市，这一点跟今天不一样，今天我们有早市，有夜市，唯独没有午市。

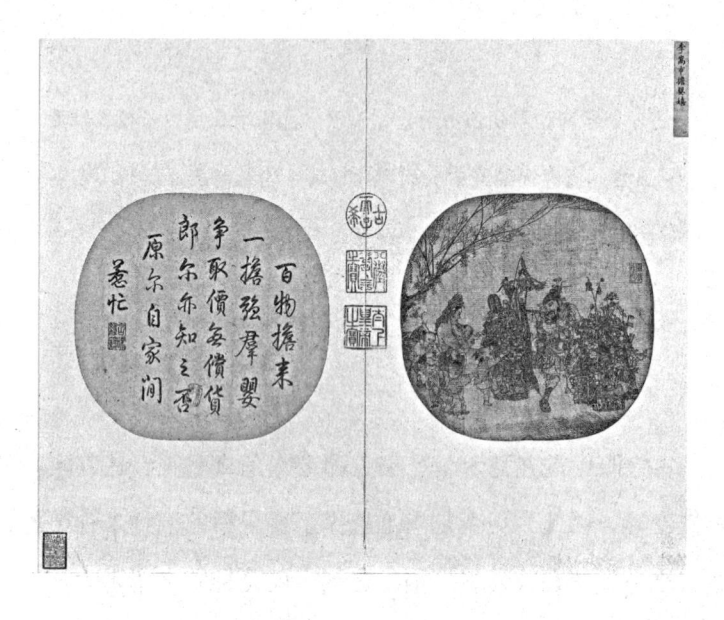

市担婴戏图，李嵩绘，南宋

此幅图展现了老货郎担着琳琅满目的百货，妇女、孩童蜂拥而来的情景。货郎担分为六层，各色物品、食物、玩具应有尽有。其次以文字为标记的货品，如仙经、文字、山东黄米酒、酸醋等。右方枝丫有画家名款：嘉定庚午李嵩画，树干上有"三百件"小字。

炎帝的第三条功绩是发明了蜡（zhà）祭仪式。蜡祭是一种岁末举行的祭祀活动。如果按照西周的记载，按西周历法，那就是阴历十二月,也就是腊月。《礼记》中有天子八蜡。

> 天子大蜡八,伊耆氏始为蜡。蜡也者,索也。岁十二月,合聚万物,而索飨(xiǎng)之也。蜡之祭也,主先啬而祭司啬也,祭百种,以报啬也。飨农及邮表畷、禽兽,仁之至,义之尽也。
>
> ——《礼记·郊特牲》
>
> 天子在年终时举行蜡祭,祭祀八神。蜡这种祭祀是从伊耆氏开始举行的。所谓"蜡",就是寻求各方之神而祭。周历的每年十二月,邀请万物之神聚集在一起而祭祀它们。蜡祭主要是祭祀先啬神农氏,也兼祭司啬后稷。祭祀百谷之神都是为了报答先啬和司啬,因为有了先啬、司啬,而后才有百谷的。祭祀时附带宴请田官之神、阡陌之神、田舍之神和禽兽之神,这是广报恩惠、尽仁尽义之举。

按西周的说法,蜡祭是在阴历十二月岁末进行,但在商代以及先商,中国最早的历法可能是十月历,简单讲就是一年十个月,一个月三十六天。所以这样的话,蜡祭就应该在十月。至于这个祭祀活动的具体礼仪,则早已失传了。总之,原始文化从来不缺乏祭祀,但蜡祭之礼的出现对原始祭祀进行了相关的规定,使祭祀程式化了。

炎帝的第四大功绩毫无疑问是如今的我们最熟悉的一个，即尝百草。传说中，他发明了中医、发现了中药。中医、中药的出现，在历史上的意义非常大。这倒不是因为原始医学的出现真的能够治病救人，这个时期医学的效果除了心理暗示的作用以外，其实也没什么效果。其意义在于，人开始理性思考了。科学，或者说东方经验主义，开始从纯粹的原始宗教迷信中启蒙出来了。我们知道，原始文化是政教合一的，教权即王权，或者说神权即王权。部落的领袖、酋长，往往也是祭司、巫师，是祭祀活动中的主祭人。老百姓是要通过他跟神对话的。

人和神对话，是想要向神询问什么、索要什么呢？我们看商代的甲骨文卜辞就知道，除了吃饭问题、安全问题，就剩下医疗问题了。彼时讲究巫医，医本来就来自巫，鲁迅先生说《山海经》是古之巫术，《山海经》里的巫师的确数不胜数，大多数药都由巫师掌握。

> 有灵山，巫咸、巫即、巫盼、巫彭、巫姑、巫真、巫礼、巫抵、巫谢、巫罗十巫，从此升降，百药爰在。
>
> ——《山海经·大荒西经》

有一座灵山，巫咸、巫即、巫盼、巫彭、巫姑、巫真、巫礼、巫抵、巫谢和巫罗这十位巫师从这座山上到天界，下到人间，各种各样的药，这里都有。

雍正帝祭先农坛图（局部），佚名，清代

北京先农坛始建于明永乐年间，是明清两代皇家祭祀先农诸神的场所，也是古代唯一祭祀炎帝神农氏的官方祭祀场所。先农，上古称帝社、王社，至汉时称先农。唐垂拱年间以后，祭祀先农正式定为古代社会的一种基本礼制，每年开春，皇帝亲领文武百官于先农坛行籍田礼。据《清史稿》记载，祭先农坛"祭品礼数，如社稷礼"，即"羊一，豕一，帛一，豆四，铏、簠、簋各二"。《雍正帝祭先农坛图》卷就是一件描绘他在先农坛进行祭祀农神活动的纪实性绘画作品。

神农氏作为部落联盟中最大的巫师，不仅创造了祭祀礼仪，还遍尝百草，这个行为本身是非常伟大的理性探索，是人开始主动认识世界的一大步。这便是神农尝百草最重要的意义。

炎帝死后，炎帝的这个所谓的帝位，又依次传给了帝承、帝临、帝则、帝百、帝来、帝襄和帝榆。也就是说，炎帝的氏族联盟一共传了八代，八代以后就消亡了。

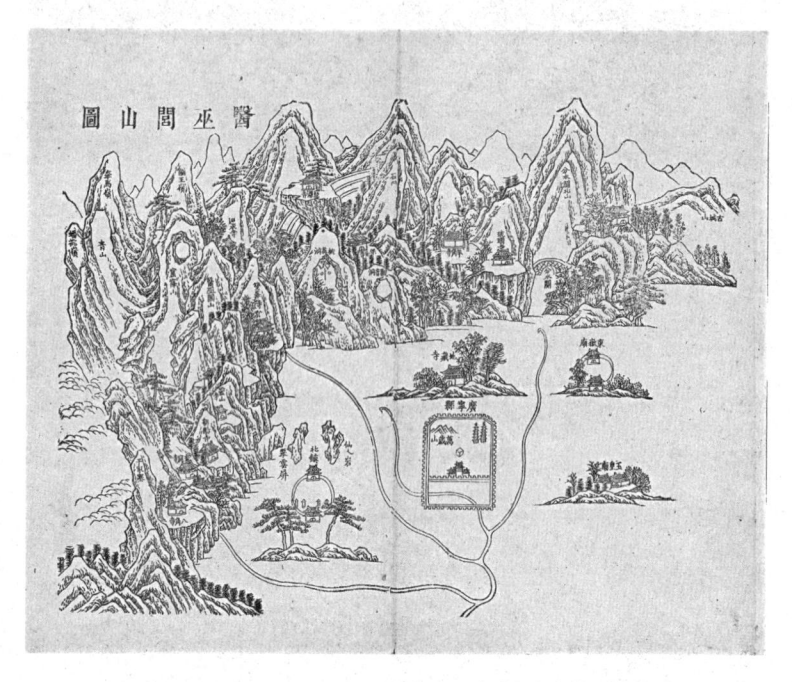

天下名山图·医巫闾山，佚名，清代

医巫闾山，即今辽宁省北镇市的闾山。《周礼·夏官司马》云："东北曰幽州，其山镇曰医无闾。"医巫闾山是幽州的镇山。

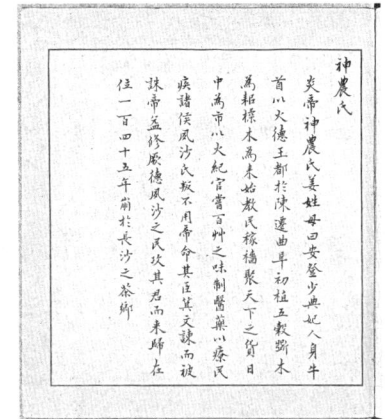

历代帝王圣贤名臣大儒遗像·神农氏，佚名，清代

2. 黄帝轩辕氏

《史记·五帝本纪》开篇就讲："黄帝者，少典之子。姓公孙，名曰轩辕。"字面意思是黄帝是少典国人，姓公孙，号轩辕氏。黄帝本姓公孙，后来改姓姬，我们叫他轩辕黄帝是因为他号轩辕。轩辕是个地名，指的是轩辕丘。

又西四百八十里，曰轩辕之丘，无草木。

——《山海经·西山经》

再往西四百八十里，有座山丘，名叫轩辕丘，这里不长草木。

> 黄帝居轩辕之丘,而娶于西陵之女,是为嫘祖。
>
> ——《史记·五帝本纪》

黄帝住在轩辕山,娶了西陵国的女子为妻,她就是嫘祖。

轩辕丘也是黄帝定都的地方,今天普遍认为,轩辕丘在河南省郑州市新郑市一带。因此,这也是当时华夏文明的政治文化中心区。

关于黄帝的降生呢,也有一个感生神话,说是黄帝的母亲

《山海经寰宇全图海外南经海外西经海外北经海外东经第九》,赵越绘,明代

附宝因为见到了大闪电的电光绕过了北斗七星中的天枢星,从而感受到上天的精微,生下了黄帝。

> 黄帝,少典子,姬姓也。母曰附宝,见大电绕北斗枢星,照郊野,感附宝,孕二十四月,生黄帝于寿丘。
>
> ——《帝王世纪》
>
> 黄帝,少典部族的子孙,姓姬。黄帝的母亲叫作附宝,她看见一道壮观的闪电绕北斗星划过,电光照耀原野,附宝心灵受到震撼,她怀孕了。二十四个月后,附宝在寿丘生下黄帝。

黄帝叫轩辕氏,是因为他生在轩辕丘。但这里面还有个问题:轩辕黄帝的称呼用的是"黄色"的"黄",而非"皇帝"的"皇",这是为什么呢?

中国传统文化有个根深蒂固的观念,几乎全方位地影响了中国古人的认知,它就是阴阳五行。五行这个理论由来已久,可以肯定在太古、洪荒时代就已经萌芽了,但它最终被表述出来是在春秋时期。齐国人邹衍(战国末期齐国人,阴阳家代表人物、五行创始人,著有《邹子》),也就是邹子,被认为是阴阳五行理论的创始人。春秋战国有九流十家之说,是先秦到汉初主要学派的总称,由《七略·诸子略》提出,其中的十家是儒家、道家、阴阳家、法家、名家、墨家、纵横家、杂家、农

古代帝皇图，贯休绘，明代

按诗塘题诗，画中绘神农、伏羲、女娲、轩辕、颛顼、帝喾六位古帝王。

家和小说家。除掉十家中的小说家，剩下的合称九流，而阴阳家也是其中的一家，而且影响力很大。五行理论相当伟大，因为它是一个系统论，可以揭示万事万物运动变化的规律。当然，揭示得是否正确，是另一个问题。但中国古人普遍认为五行说得对，而且说什么都对。所以五行就被广泛应用在了古人生活所及的一切领域，来指导具体的生产生活。比如，大夫看病要看五脏，画家画画要调五色，厨子做饭要做五味，出门认路要认五方，谦谦君子要讲五常，大乘佛教要守五戒，脏心烂肺的坏人叫五毒俱全，粮食丰收的好年景叫五谷丰登，等等。在古代，五行学说被用于指导一切生活，解释一切现象。如果用五行理论来揭示历史变迁的规律、王朝的更迭，就有了政治上的五德学说。我们看春秋以后的人整理出来的史料，经常会看到这个理论在其中的出现或应用。比如前文讲到的天皇氏，被称为"以木德王"，也就是凭借木德称王于天下。天皇氏以后的地皇氏，被称为"以火德王"，也就是凭借火德称王于天下。天皇氏凭什么衰落，地皇氏凭什么兴起，二者的兴替被五德学说强行解释，称是因为火克木，所以地皇氏取代了天皇氏。也就是说，古人相信所有王朝的更迭，背后都蕴含着五德相生相克的自然规律。当然了，这种理论在唐宋以后就没有人相信了，而今更不会有人相信了。五德学说的衰落，反映的是中国古人看待历史、认识历史规律的进步。我们不信它是正常的，但了解它也是必要的。因为只有了解了这个常识，才能回答刚刚我提到的那个问题——轩辕黄帝为什么叫"黄帝"呢？

按照五德学说，到了黄帝这个朝代，他应该是"以土德王"了。《史记索引》里称黄帝"有土德之瑞"。五行中的"土"，对应着五色中的"黄"，所以就叫他黄帝了。用类似这样的方式去称呼古代帝王的情况还有不少，比如上古除了黄帝以外，黄帝的长子少昊金天氏称白帝。看这个名字我们就知道了，五色中的"白"对应的是五行中的"金"，按照五德学说，白帝少昊是"以金德王"的。因此他既叫白帝，又叫金天氏。刘邦斩蛇起义，说他斩杀的蛇是白帝少昊的儿子，所以汉朝人就鼓吹刘邦是炎帝之子。

> 高祖以亭长，为县送徒骊山，徒多道亡，自度比至皆亡之。到丰西泽中，止饮，夜乃解纵所送徒，曰："公等皆去！吾亦从此逝矣。"徒中壮士愿从者十余人。高祖被酒，夜径泽中，令一人行前。行前者还报曰："前有大蛇当径，愿还。"高祖醉，曰："壮士行何畏？"乃前，拔剑击斩蛇，蛇遂分为两，径开。行数里，醉，因卧。后人来至蛇所，有一老妪夜哭。人问何哭，妪曰："人杀吾子，故哭之。"人曰："妪子何为见杀？"妪曰："吾子，白帝子也，化为蛇，当道，今为赤帝子斩之，故哭。"
>
> ——《史记·高祖本纪》

汉高祖刘邦做沛县亭长的时候，为县里押送一批劳役去骊山修陵。途中，大部分人都逃亡了。刘邦自己盘算着，即使他们现在到了骊山，也会被按罪被杀。于是走到丰县西的涧泽，刘邦就停下来，他饮酒大醉。夜里，干脆就把剩下的人都放了，并对他们说道："你们都走吧，我从此也要逃跑了。"这些人中愿意跟随刘邦的有十多个。刘邦醉酒，行走在丰西泽中，让一人在前面探路。这个人回来说："前面有一条大蛇挡路,我们还是回去吧。"刘邦趁着酒劲说:"大丈夫独步天下,有何可惧?"于是走上前来,拔剑将蛇斩断。于是,蛇被一分为二,道路打通了。走了几里地,刘邦醉得倒下睡着了。这时,刘邦队伍中走在后面的人走到了刚才刘邦斩蛇的地方,看见一个老太太深夜哭泣,就问她为什么哭。老太太说道:"我儿子被人杀了,所以痛哭。"人们就问她儿子为什么被杀,老太太回答道:"我儿子是白帝的儿子,变成蛇横在路上。他被赤帝的儿子杀了,所以我才哭。"

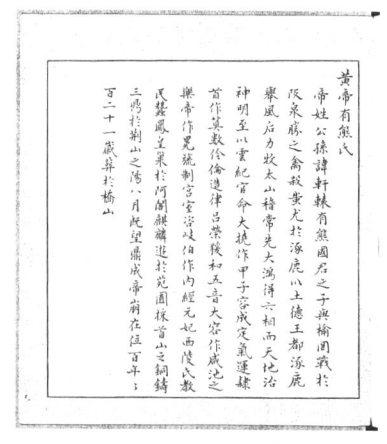

历代帝王圣贤名臣大儒遗像·黄帝有熊氏,佚名,清代

五德学说同样适用于炎帝神农氏之名。他称炎帝,是因为到了他这一朝,该是"以火德王"了,所以他才称炎帝。这是

关于中国古代的一个历史常识。

3. 阪泉之战

汉代大儒董仲舒（西汉哲学家，系统地提出了天人感应、三纲五常、大一统学说和罢黜百家、独尊儒术的政治主张）在《春秋繁露》里有一句话，叫"夏无道而殷伐之，殷无道而周伐之，秦无道而汉伐之。有道伐无道，此天理也"。战争的代价是生命，所以战争往往是非正义的。而唯一能赋予战争合理性的依据正是董仲舒提出的这句真理，叫作"以有道而伐无道"。因此，古今中外的战争，特别是中国古代的战争，不管挑起战争的真实目的是什么，官方发布的檄文总会基于这个出发点找出各种各样的开战理由。罗列出充分理由的战争，未必是正义的，反而有一种没有理由，或者是不需要理由的战争，往往被认为是正义的。这种战争，秦汉以后的古人称之为大一统战争。今天，我们称之为国家的统一战争。本节要讲的就是这样的一场战争，它是中国古代史上的首场国家统一战争——炎黄阪泉之战。

今天很多朋友看到炎黄阪泉之战，会觉得这场战争就是炎帝神农氏和黄帝轩辕氏打了一仗，然后黄帝赢了，炎帝输了，黄帝统一了中国。这么理解对吗？显然是错了，而且对结果和主人公的理解都错了。

首先，炎黄之战以后，黄帝只是统一了炎黄联盟，他距离真正统一天下，还差着一场伐蚩尤之战。其次，传说和历史中都非常出名的那位华夏民族重要的人文始祖、炎黄子孙的祖源——炎帝神农氏，比黄帝轩辕氏要大出五百多年。在黄帝轩辕氏统一中国的时候，炎帝神农氏早死了很多年了。司马贞在《三皇本纪》中明确指出，炎帝神农氏以后，"凡八代，五百三十年，而轩辕氏兴焉"。也就是说，黄帝氏族兴盛，阪泉之战爆发的时候，炎帝神农氏都死了五百三十年了。因此，我们所说的炎黄大战中，"黄"可以理解为黄帝本人，而"炎"并非位列三皇之二的炎帝神农氏，而是炎帝部落联盟的后代盟主。准确地讲，是末代炎帝——榆罔，也叫帝榆。

那为什么一直以来，炎帝神农氏和黄帝轩辕氏这两个相差五百年的历史人物，总会给人以同处一个时代的错觉呢？

其实，原因出在《国语·晋语》的记载。《晋语》有云："昔少典娶于有蟜（jiǎo）氏，生黄帝、炎帝。"从字面上看这句话的意思是，少典娶了有蟜氏女，生了黄帝和炎帝，炎黄二人不但生活在同一个时代，而且还是亲兄弟。这样的理解其实不对，因为先秦时代的"生"，未必就是亲生。比如《山海经·大荒北经》里面说，"黄帝生苗龙，苗龙生融吾，融吾生弄明，弄明生白犬"。这里面有四个"生"字，看起来是由生育关系关联了五代人，实则不是。《山海经》里有四个氏族，分别是属于华夏民族的炎黄氏族、帝俊氏族和非华夏的巴国氏族和氐羌氏族，氏族内部人文始祖的谱系关系并不一定是生物学上的亲缘关系，还可能是氏族上的归属关系，或者政治上的册封关系。因此，《国语·晋语》想表达的是炎黄源出于同一氏族或同一个部落联盟。既然二者有过同出于一支的历史，那么在后世，如果强大的一方想要通过战争去吞并弱小的一方，那对这场战争的定义可就不是侵略了，这叫运用战争的手段使分裂出去的国土和人口回归。这就叫统一战争。统一，就是黄帝发起阪泉之战的理由，是战争合理性和正义性的根本所在。

发起战争的理由已经找到了，可是统一的前提条件是分裂，而分裂并不是从这一天才开始的，那为什么一场正义的战争要拖到这个时候呢？原因只有一个，此时此刻，时机终于成熟了。

炎帝死后，炎帝联盟的盟主传了八代，日渐衰微。当时，各个部落之间相互侵占土地和人口，有些部落首领以暴力虐待百姓。炎帝部盟的最后一代盟主榆罔，也就是帝榆，他想发兵讨伐这些不听话的部落，但问题是根本没人听他的。这就相当尴尬了。

反观黄帝这边，阪泉之战以前，黄帝轩辕氏的联盟迅速崛起。《史记·五帝本纪》中说，黄帝做了四件事：

第一，黄帝修德振兵，也就是整军、严肃军纪。古代战斗力强的军队一般只有两种。一种是"饿狼之师",这种军队没有信仰,没有道德,烧、杀、抢、掠、屠城样样都做,甚至连吃活人都不在话下。恰恰是因为他们足够"饿",足够野蛮,所以战斗力强悍。可这种军队的战斗力难以长期保持,因为一旦他们"吃饱了",享受到荣华富贵了,战斗力也就随之瓦解了。还有一种军队,敬天、保民、明德,有道德,有信仰,有着严明的军纪,这就是"王师"。王师的战斗力持久,因为军纪不以个人的意志和境遇而转移。黄帝整军,建立的就是这样一支王师。但是,能不能建立起这样一支王师,真正的关键因素不是整体或任何个人的道德水平,不是将领的治军风格,也不是有无或能否贯彻严明的军纪,等等。这些东西其实都是虚的,实打实的决定性因素只有一点——军饷能不能足额按时发放。军饷月月发,谁还去打劫?军饷跟不上,饭都吃不饱,谁还会讲仁义?

因此,为了建立起能够供养"王师"的经济基础,黄帝做了第二件事——治五气,蓻(yì)五种。五气,古人说是五行之气。五行太空泛了,具体到此处其实应该就是中医所说的五季之气。五季指的是春、夏、长夏、秋和冬,它们对应的五气就是风、暑、湿、燥、寒。五种,就是五谷,通常认为是黍、稷、菽、麦和稻,也就是黄米、高粱、豆子、麦子和稻子。这句话连起来的意思就是说,黄帝顺应天气变化,不违农时,大力发展农业生产。这是在内政上振兴经济。

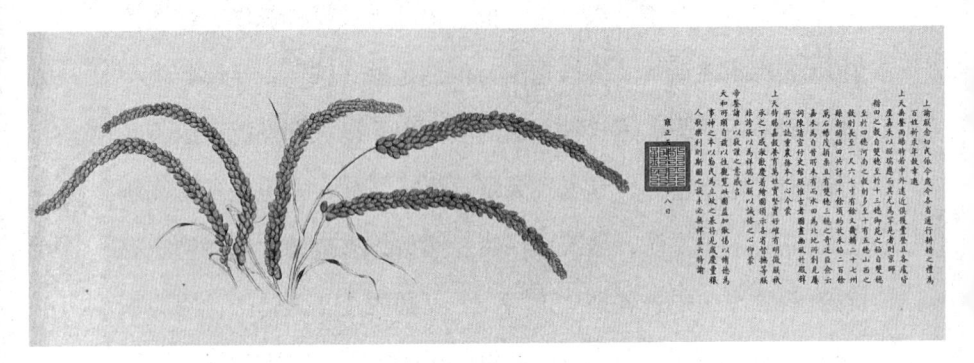

瑞谷图，郎世宁绘，清代

中国古代视瑞谷嘉禾为吉祥的征兆，历代帝王大多喜欢以"瑞谷"为题命宫廷画师作画。此图绘于雍正五年，绘金色瑞谷五穗，穗长且颗颗饱满，寓意五谷丰登。画右侧有雍正帝的下旨诏书，可见古代帝王对农业的重视。

黄帝做的第三件事非常大气，叫作"抚万民，度四方"，也就是安抚四方百姓。怎么安抚呢？当然是花钱安抚了，用嘴安抚那叫诈骗。黄帝还没有成为天下共主，就已经开始用天下共主的标准来要求自己了。具体来说，就是对四方诸侯展开援助性外交。

轩辕问道图卷，石锐绘，明代

黄帝做的第四件事，也就是最后一件事，叫作"教熊、罴（pí）、貔貅（pí xiū）、䝙（chū）、虎"，按照原意理解，就是训练棕熊、马熊、貔貅、云豹和老虎。棕熊、马熊、云豹和老虎这四种动物都是客观存在的动物，但剩下的那个貔貅不是传说中光吃不拉的"守财奴"吗？

玉辟邪，汉代

传说中的貔貅也称辟邪、天禄，西汉晚期至东汉时，是贵族墓葬中比较流行的墓前镇墓石兽。其中小型的貔貅往往以玉制作，是汉代人心中的祥瑞之兽。此貔貅玉色白里透黑，多处沁斑，身躯两侧带翼，作虎行状。

貔貅被当作镇墓兽使用，镇墓兽是一种明器，古人担心阴间的恶鬼会加害死者的魂魄，所以在贵族墓葬中会加设镇墓兽，用来避邪，佑护死者亡魂的安宁。正是受到这种风俗的影响，后人往往认为貔貅是一种神兽、怪兽。但在先秦，貔貅很可能还没有"神话化"，应该就是自然界中真实存在的猛兽。有人认为它是老虎的一种，也有人认为它是白狐狸，甚至还有人认为它是大熊猫。貔貅到底是什么，今天已经难以考证，但它肯定是一种能跟另外四种相提并论的猛兽。当年，黄帝训练了各种野兽并编入军队，为己所用。现代军队中，一般来说能够服役的动物也就是军犬了，难道黄帝军中服役的动物竟是虎、豹、狗熊之类的动物？对这段记载的真实性，我是比较怀疑的。我认为黄帝时代，华夏民族的原始先民还不具备如此高超的动物驯化能力。这里的动物，八成就是人戴着面具、披着兽皮假扮的，放在阵前，也就是远远地吓唬人用的。归根结底，我们只需要知道，黄帝的这第四项措施，同样是军队改革方面的。

黄帝一连串做了四件大事，两项涉及军队，一项涉及经济，一项涉及外交。四大政策实施以后，黄帝的部落联盟果然

大傩图，佚名，南宋

这是一幅风俗画，描绘的是一种古老的驱除疠疫的民间习俗——大傩。画面上共画有十二个人，都穿着奇异的服装，戴着各色帽子和插着花枝。帽子的式样毫不重复，除了斗笠、巾和冠之外，有的是戴着粗角的兽头，有的是农家场院器具斗、箩、箕之属。他们的手中或身上携拿着鼓、铃、檀板等乐器，或为扇、篓、帚等用具，或为花枝、瓜之属。所有人的面部都化了妆，可能戴的是假面具。十二个人团团围住，手舞足蹈，充满欢乐的气氛。大傩这种穿着奇装异服，头戴兽头面具的民间习俗很可能就是太古祭祀的遗风。

迅速崛起了。然而，尽管黄帝崛起，炎帝衰落，可炎黄大战以前，黄帝的日子也并不好过。《史记·五帝本纪》中提到黄帝轩辕习用干戈，就是说黄帝学习兵法，厉兵秣马。他先是把周边的小部落、小国打了一遍，但当小国都臣服于他以后，问题来了。因为他要想发动统一战争，有个极大的劣势，那就是他的地理位置。黄帝的联盟正好位于炎帝联盟和另外一个名为九黎的联盟中间，这个九黎联盟的首领就是我们熟悉的另外一位上古帝王，叫蚩尤。也就是说，如果他先打榆罔，得防备蚩尤从背后下黑手；如果他先打蚩尤，又得防备榆罔从背后下黑手。那么黄帝是怎么做的呢？具体不得而知，反正他是先在阪泉拿榆罔下手了。

阪泉其实就是一眼泉水，它是一个泉的名字。关于它所在的位置，历史上有两种观点。其一是《史记正义》援引《括地志》，说阪泉在河北省涿鹿县东南；另一种说法是《梦溪笔谈·辩证一》主张的，说阪泉在山西省运城市西南。这两种观点哪个正确，目前学界暂无定论，不过一般认同前者的更多。阪泉之战的过程，史料中没有记载，传说里也没有相关表现。总之，结果是黄帝统一了炎帝部盟，成了新的盟主。但是，阪泉之战只意味着炎黄合一，并不代表全国统一，更不代表黄帝真正获得了天下共主的地位。

俗话说"躲得过初一，躲不过十五"，该来的总会来，该反的总会反。黄帝在发起阪泉之战以前,最大的战略威胁蚩尤,终于还是反了。蚩尤是一个部落首领,据传说,蚩尤的母亲生了九个儿子,蚩尤排老大。蚩尤这九兄弟都姓黎,分别叫黎贪、黎巨、黎禄、黎文、黎廉、黎武、黎破、黎辅和黎弼,其中的老大黎贪就是蚩尤。这九个姓黎的亲兄弟各自拥有氏族部落,是自己部落的酋长。另外,这老黎家还有同宗同族的兄弟七十二人,这七十二人也都是各自部落的酋长。于是,这些氏族部落组成了东方的一个强大的部落联盟。

古代典籍中,蚩尤往往也以"人身兽首"的形象示人,比如《太平御览》卷七八引《龙鱼河图》称蚩尤的兄弟之国有八十一个,这些国家的首领都是兽身、铜头、铁脑门儿,说人话,吃沙子、石头。

蚩尤兄弟八十一人,并兽身人语,铜头铁额,食沙石子。

——《龙鱼河图》

人身牛蹄,四目六手,耳鬓如剑戟,头有角。

——《述异记》

蚩尤是人身牛蹄,长了四只眼睛、六只手,耳朵、鬓角的形状形如剑戟,头上还有犄角。

学术界有一种观点认为，在考古学方面，炎帝联盟对应的是黄河中游、上游的仰韶文化，黄帝联盟对应的是北方的红山文化，而蚩尤的这个部落联盟对应的就是黄河中游、下游的龙山文化。蚩尤的这个联盟，以他兄弟九人的氏族部落作为核心班底，相当于直营店。另外那七十二个本家兄弟的氏族部落算是他的外围，相当于加盟商。根据《史记正义》的说法，这个东方的联盟称作"九黎"，蚩尤就是九黎的国君。

龙山文化也是中国玉文化的重要发祥地之一。这件玉器是山东龙山文化的玉钺（yuè），也是上古礼制上的玉圭。器形呈窄长梯形，平直正刃，刃线两端微收。主要的圆孔由两面对钻而成，另靠柄端边有一小孔，功能不详。刃部朝上时，器表中段雕琢上、下二单元纹饰。纹饰十分自然古雅，应是山东龙山文化先民所雕，未经后代破坏。乾隆皇帝称这件玉器为"黄色辟邪玉圭"，命玉工将御制诗、诗注分别刻在玉圭两面。玉圭器表也刻了乾隆皇帝七十岁、八十岁、八十五岁时的玺文共三处。

玉圭（guī），
龙山文化晚期

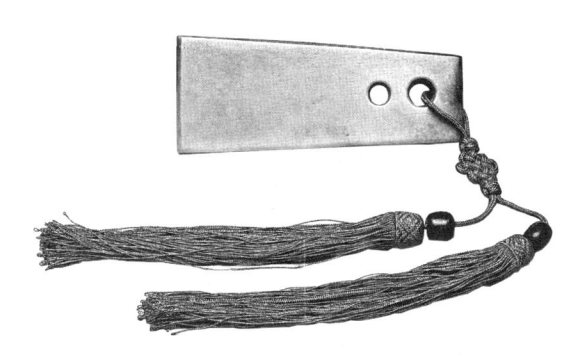

玉钺，龙山文化

这也是一件清宫收藏的龙山文化玉质礼器。它采用细腻不透明的牙黄至浅黄灰色地方玉制成。全器呈长梯形，刃端曾被裁切，故厚而有切割痕。钺体剖面为长方形。二圆孔，靠柄端圆孔单面钻成，下方较小一孔两面对钻。可能对钻稍小的圆孔曾嵌有绿松石，现已遗失。

但就像之前我说过的，先秦时期，谁生了谁，谁是谁所生，这个"生"字不一定代表亲生血缘关系。特别是表述部落首领之间的关系的时候，所谓的父子，表述的更多是分封与被分封的关系；所谓的兄弟，表述的更多是约为兄弟之国。因此蚩尤的八个亲兄弟、七十二个本家兄弟，并不是真的兄弟，而只是约为兄弟之国。由几十个部落组成的这个联盟，其实也不能将其视作一个国家，它们只是一个政治军事上的同盟，就跟《三国演义》中讨董卓的十八路诸侯一样。九黎是个部落方国联盟,不是国家,而蚩尤实际上只是盟主,谈不上国君。那么可以想见,这种形式的同盟,声势一定是浩大的,但管理一定是松散的。换句话说,就是看着挺吓人,但只要打垮其核心部落,剩下的小部落很容易望风而降。

4. 蚩尤之战

时间来到阪泉之战以后,九黎联盟的蚩尤决定趁黄帝立足未稳,发动战争。而黄帝与蚩尤之战,就是中国古代一场大规模的战争。这场战争在正史里是没有记载的,但在《山海经·大荒北经》中,却有一段关于这次战争的神话表述,说是蚩尤制造了多种兵器用来攻击黄帝,黄帝便派应龙到冀州之野去攻打蚩尤。应龙积蓄了很多水,而蚩尤请来风伯和雨师,掀起一场大风雨。黄帝就降下名叫魃(bá)的天女助战,雨被止住,蚩尤被成功杀死。魃因神力耗尽而不能再回到天上,她居住的地方没有一点雨水。

> 有人衣青衣,名曰黄帝女魃。蚩尤作兵伐黄帝,黄帝乃令应龙攻之冀州之野。应龙畜水。蚩尤请风伯雨师,纵大风雨。黄帝乃下天女曰魃,雨止,遂杀蚩尤。魃不得复上,所居不雨。
>
> ——《山海经·大荒北经》

以上这段神话，详细讲述了神话人物应龙杀死神话人物蚩尤的全过程。注意，我一直强调，这些是神话和神话人物，因为《山海经》是神话表述、春秋笔法。但是，它反映的应该还是黄帝平叛蚩尤之乱的过程。在神话中，神话人物应龙通过"畜水"的方式与神话人物蚩尤作战，而蚩尤请来了专门求雨的巫师风伯和雨师，可黄帝又派遣了专门止雨的女巫师魃作法，让雨停了下来。雨停之后，应龙便杀死了蚩尤。

这是一件良渚文化早期巫师从事巫术活动时佩戴的玉方镯。良渚文化流行动物精灵崇拜的原始信仰，巫师穿戴各种雕琢动物纹饰的玉器，期盼动物的"法力"可以助人通神。这件玉镯外围浮雕四组面纹，令圆镯逐渐趋向方镯。此器在清宫中曾加配铜胆、木座，用作花插。外壁可能经过盘摩与染色，内壁仍保持原有的青绿色。

雕纹玉方镯，良渚文化早期

这段神话中的蚩尤，自然是现实中、历史中的九黎联盟盟主蚩尤，而神话人物风伯、雨师，都是蚩尤手下的巫师。当时的人认为，他们可以作法求雨。神话人物应龙指的其实是应龙族，它是黄帝联盟内的一个部落，应龙本人是部落首领。另外一个神话形象女魃是神话中的旱神，她是黄帝手下的女巫师，当时的人们认为她可以施法令土地干旱。

根据神话描述的情形可知，黄帝先是派出了应龙族人扼守在河流上游，再让自己的联盟主力和蚩尤主力大战，迫使蚩尤联盟不断迁徙。可蚩尤在迁徙的过程中，因为水源被应龙族控制住了，所以缺水，他就命令风伯和雨师二位巫师施法求雨。黄帝见状，便命令女魃作法，抵消了风伯和雨师的法术。结果，蚩尤联盟最终因为缺水，或是旱灾引发的食物短缺战败了，首领蚩尤被杀。

也就是说，由《山海经·大荒北经》描述的神话反映的历史中，黄帝战蚩尤并非通过一时或一次的战争将其击败，而是通过军事打击、经济封锁双重手段，用较长时间将整个九黎联盟彻底瓦解掉了。太古时期的部落联盟，绝非后来的我们理解的国家。古代的王朝也好，现代的国家也罢，只要是国家，就一定有基本的官僚系统。在一场战争中，只要击溃敌国的官僚系统，或者是击溃其中央官僚体系，敌对国家就崩溃瓦解了。像现代战争中的斩首行动，就是通过精准打击权力中枢，使敌

第三章 走出神话时代

风伯画像石，东汉

在风伯口吹的劲风中，房屋被吹得柱折顶斜。

大足石刻·风伯

此石刻作品中风伯手中拿的就是他的法宝——风口袋。

雨师，莫高窟第249窟

风伯、雨师是中国古代神话体系和原始道教神仙体系中掌管风雨的神。风伯即风神，又名风师，又称飞廉。雨师即雨神，又名雨师妾。《周礼·春官宗伯·大宗伯》云："以燎祀司中、司命、风师、雨师。"燎祀又称燎祭，是一种将玉帛、牺牲放在柴堆上焚烧的祭祀礼仪。

对国政府瘫痪，战争也就结束了。因此国家之间的战争，打击目标永远是少部分人，而且文明程度越高，被打击的人也就越少，战争所必须付出的生命代价也越低，除非特意要搞大屠杀。但太古的部落联盟也好，具体到某一个部落也罢，它们不是国家，因为它们没有最基本的官僚系统。因此，除非是对敌方人口进行高比例的物理消除，否则只要氏族的人口还在，威胁就一直都在。在同一个父系氏族内部，酋长死了，不是什么大事，酋长的儿子顶上去就好；儿子死了，侄子或酋长的弟弟也可以顶上去。只要是父系的男性，都可以随时顶上去。换言之，通过精准打击少部分人来结束战争，这样的想法在炎黄以前是不切实际的。《山海经》中，还有很多我们耳熟能详的神话故事，比如刑天舞干戚——人的脑袋掉了，尸体不僵硬，就能继续战斗。

> 刑天与帝至此争神，帝断其首，葬之常羊之山，乃以乳为目，以脐为口，操干戚以舞。
>
> ——《山海经·海外西经》

刑天和天帝争位，天帝砍下了他的头颅，把他的头葬在了常羊山。刑天就用乳头当眼睛，用肚脐当嘴，手握盾牌和斧子继续战斗。

第三章 走出神话时代

精卫填海——人死了，精魄不灭，化作精卫鸟也要复仇。

又北二百里曰发鸠之山，其上多柘木，有鸟焉，其状如乌，文首，白喙，赤足，名曰精卫，其鸣自詨。是炎帝之少女，名曰女娃。女娃游于东海，溺而不返，故为精卫，常衔西山之木石，以堙于东海。

——《山海经·北山经》

再向北走两百里的地方叫发鸠山，山上有很多柘树。山中有种禽鸟，貌似乌鹊，头上有斑纹，白色的喙，红色的脚，它名叫精卫，它的叫声和名字发同样的声音。她是炎帝的小女儿，名叫女娃。女娃在东海中游泳，因为溺水无法返回，于是化为精卫。她经常叼来西山的木头、石块，用它们来填塞东海。

还有相柳（相繇），人死了，身体也僵硬了，精魄也没有了，没关系，血腥臊，照样污染土地，让你种不出庄稼。

共工臣名曰相繇，九首蛇身，自环，食于九土。其所歍所尼，即为源泽，不辛乃苦，百兽莫能处。禹湮洪水，杀相繇，其血腥臭，不可生谷。其地多水，不可居也。禹湮之，三仞三沮，乃以为池，群帝因是以为台，在昆仑之北，柔利之东。

——《山海经·大荒北经》

共工的臣属名叫相柳氏，他长着九个头，在九座山中觅食。相柳氏所经过的地方，土地就会被变成沼泽，气味不是辛辣就是苦涩，野兽都不能在这种地方居住。禹杀死了相柳氏，他的血腥臊，凡是被他的血污染过的土地，就没法再种植五谷了。禹挖掘这些土，但这些土都被相繇的血污染了。于是，禹只好用这些土给诸位古帝修建帝台。帝台位于昆仑高山的北方，柔利国的东方。

这些神话人物反映的其实都是太古时期战败的部落。只要部落还有人口，人口繁衍不息，战斗便不止。这种不眠不休的战争，只会出现在没有官僚系统的太古时期。如果对手只是一个几百人的小部落，那么通过战争消灭对方的全部人口是可以实现的。但如果对手是一个强大如九黎的部落联盟，想要通过战争消灭对方的全部人口是不现实的。但不消灭他们，又会陷入无休无止的战争。在这样的情况下，黄帝采用了军事打击加经济封锁的方式，先"打昏"，再慢慢"掐死"，真是高瞻远瞩。而且从最后的结局来看，黄帝通过平定蚩尤之乱，完成了中国历史上的第一次统一，这也从情理上印证了《山海经·大荒北经》中神话的可靠性。

刑天，蒋应镐、
武临父绘，明代

精卫，蒋应镐、
武临父绘，明代

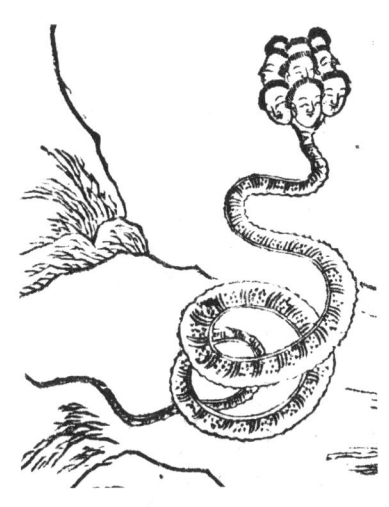

相柳，蒋应镐、
武临父绘，明代

相传在这场战争中还出现了一个重要发明，同样也是整个中国古代的一项重要发明——指南车。西晋时的崔豹（字正雄，西晋人，经学博士）写了一本书，叫《古今注》。这本书中说，黄帝在与蚩尤大战时，蚩尤作法，天降大雾，黄帝就发明了一辆指南车给士兵领路。书中还说，西周时的周公也曾经发明过指南车。

这些传说可信吗？显然是无稽之谈。

首先，指南车的"车"是什么？在中国，奚仲是第一个造车的，而奚仲是夏朝人，这表明黄帝时期根本没有车。再则，车需要动力驱动，而相土作乘马（相土，商方国的第三任国君，相传他驯服了马，使马能够为人所用，替人拉车）、亥作服牛（亥，商方国的第七任国君，相传他驯服了牛，使牛能够为人所用，替人拉车）。驯服牛和马去拉车，这也都是夏朝的事，离黄帝的时代还差了至少一千多年。黄帝时期根本没有车，何谈指南车。后人所说的指南车有两种，一种是利用齿轮系统来定向的，车内部有比较复杂的齿轮，车顶立着一个指方向的小人。出厂调校好以后，只要车被拉动，车轮发生了转

菱块十字圆点纹彩陶瓮，马家窑文化半山类型

内彩旋纹彩陶盆，新石器文化晚期马家窑类型

向，车轮就会带动车内的齿轮，让指引方向的小人反向运动，使小人始终指向同一个方向。这种指南车，核心的部件是车内齿轮，而齿轮是西汉时才发明的，所以这种指南车出现的时间肯定晚于西汉。再有一种是利用司南来指南的，而司南的发明依赖于人们对磁力的认识。石器时代的人懂磁力吗？不懂，其实铁器出现以前，人们是不懂磁力的。先秦的人们发掘磁石，主要是用它做颜料来画彩陶的。真的认识磁力、发明司南，那也要等到战国时期。因此无论如何，指南车既不能是黄帝的发明，也不会是周公的发明。后来的历史中，我们还会遇到很多假托古人的发明创造，孰是孰非，还得就事论事。

总之，黄帝打败了炎帝联盟，又平了蚩尤之乱，可以说，他已经扫清了国家统一的全部军事障碍，成为继太昊伏羲氏、炎帝神农氏之后又一位实至名归的天下共主。后来，黄帝将通过一场史无前例的诸侯会盟为华夏大地带来一种崭新的政治实体，它终于不再是部落，也终于不再是联盟了，而是——国家。中国的历史、太古史，即将就此翻开全新的一页。那么，黄帝凭什么翻开前人无法翻动的历史篇章，国家的出现又隐藏着哪些历史发展的逻辑？这一切又将如何驱动华夏文明的历史转向，乃至对今日之中国继续施加着润物无声的影响？

第四章

从黄帝到禹：君主时代到来了

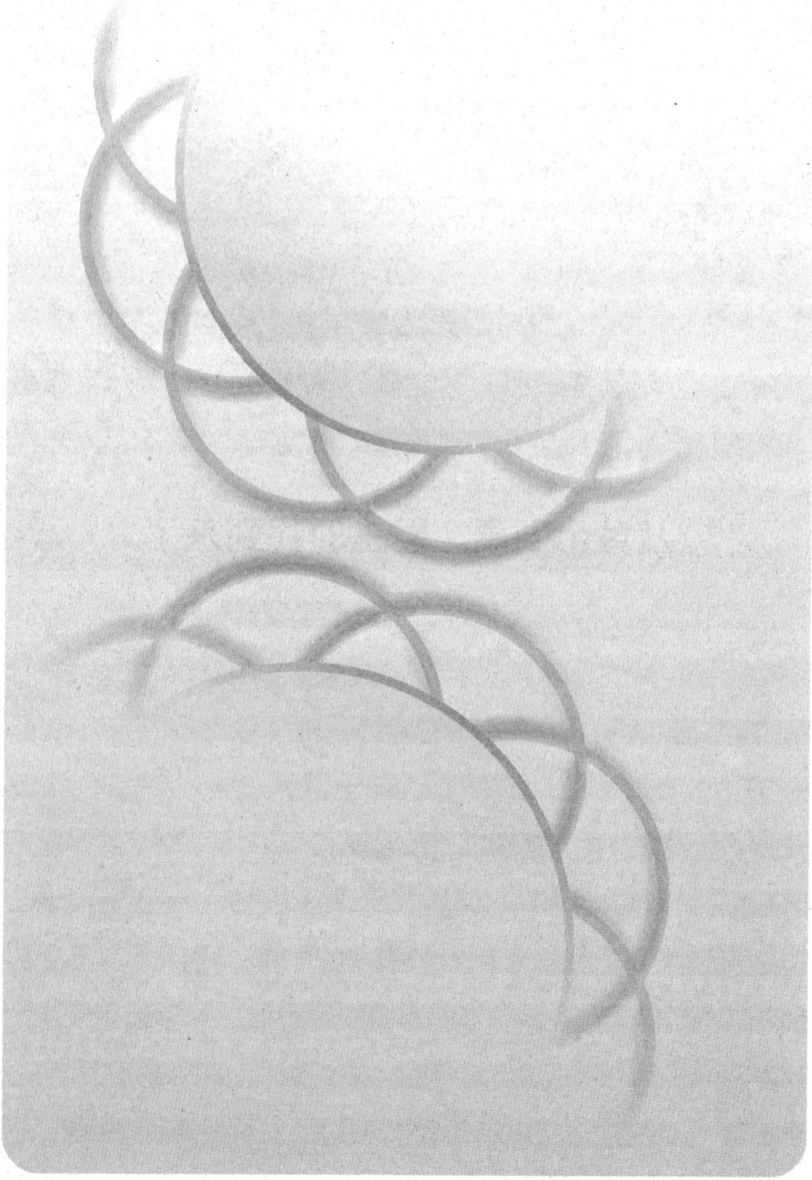

1. 合符釜山与龙图腾的诞生

黄帝打败了炎帝联盟，又平叛了蚩尤之乱，可以说，他已经扫清了国家统一的所有军事障碍，成为继太昊伏羲氏、炎帝神农氏之后又一位天下共主的领袖。不过，虽然伏羲、炎帝和黄帝都称皇，三人并称三皇，但黄帝这位新的天下之主和之前两位又不太一样。他是中国历史上第一位真正意义上的君主。黄帝时期，中国历史上出现了第一位君主，这说明有两个历史条件终于齐备了。

第一，国家有了。因为只有有了国家，才谈得上有君主。

第二，权威也有了。君主如果没有权威，那就成了国人暴动（公元前841年，西周首都镐京王畿之地的平民发动的暴动）以后的周天子、曹操手里的汉献帝，统治逢场作戏，大家客客气气，谁也不能把君主当真了。

崆峒问道图（局部），杨世昌绘，金代

此图根据《庄子·外篇·在宥》中黄帝访广成子故事绘制而成。图中广成子居于崆峒山石室中，室内陈设仅有石榻一件。石榻上置木几、兽皮。广成子斜坐于榻上，睨目凝神倾听。下跪朱衣者即黄帝，手执笏板陈词。黄帝的表情极为诚恳，表现出求道者的虔诚。

广成子是道教神仙人物，太上老君的化身之一，于崆峒山修行。相传，黄帝曾经拜访他，向他问道，受传《自然经》一卷。中国传统道教尊黄帝为"始祖"，尊老子为"道祖"，尊张道陵为"教祖"，此三人合谓"道教三祖"。此外，黄帝之学又和老子之学合称"黄老之学"，被视作华夏道学之渊薮。

那么，黄帝战胜蚩尤以后，是通过什么方式达成了这样两个历史条件的呢？这就要从太古史中这次规模空前的酋长会盟说起了。

道统万年图册（局部），仇英绘，明代

根据《史记·五帝本纪》的记载："（黄帝）合符釜山，而邑于涿鹿之阿。"釜山是一个地名，在今天河北省保定市涞水县。涞水县县城西北有个娄村，村西有一座山，不算太高，海拔大约有460米。因为山比较陡峭，山形像是一个倒扣的釜，所以得名釜山。釜是石器时代特别常见的一种炊具，古人拿它当锅用，煮肉、煮饭、煮粥都可以用它。曹植《七步诗》中煮豆的炊具就是釜。

煮豆燃豆萁，豆在釜中泣。本是同根生，相煎何太急？

——曹植《七步诗》

釜的口是圆的，和锅一样，但底是尖的。用的时候，把它吊起来，在它下面生火。这釜山的山形就像这种釜，不过是口朝下、底朝上的。

找到了釜山，再来看看合符的意思。合符是这次会盟的目的。按照古人，特别是秦汉以后的古人的理解，符就是符节、符信，也就是兵符。大家可能都听说过春秋战国到汉代的虎符，是铜制的，而且往往还使用了金银错工艺，非常精美。这个东西是中央政府发给地方官或者驻军将领的调兵凭证，造型是一只老虎，背面刻有铭文，一分两半。一般右面的那一半存在朝廷里，左边的那一半存在地方统兵的将领或者军政长官手中。如果有战事，需要调兵遣将，两半虎符要能拼在一起，军令才能生效。而且这种虎符专符专用，一个军事单位对应一块

撵茶图（传），刘松年绘，南宋

此图以工笔白描的手法，细致描绘了宋代点茶的具体过程。其中，画幅左起第二人伫立茶案边，左手持茶盏，右手提汤瓶点茶。他的左手边就是煮水的风炉和茶釜，右手边是贮水瓮，桌上是茶筅、茶盏、盏托以及茶箩子、贮茶盒等用器。古代的釜便形如此图中的茶釜，口圆似锅而底尖。

虎符，绝对不会出现一块虎符能调动两支部队的情况。国家博物馆和陕西历史博物馆都有汉代的虎符。因此古人认为，釜山合符，合的就是这个东西。等于是通过这次会盟，将各个部落的兵符收集起来，统一交给黄帝。也就是说，合符釜山可以理解为太古时期版本的"杯酒释兵权"（北宋建隆年间，宋太祖赵匡胤通过酒宴方式，威胁利诱，要求高级将领交出兵权的历史事件）。仗都打完了，黄帝把大家的兵符一收，裁军、解散，都回家种地去。

仿宋玉兔朝元砚，清代

该砚呈深棕色，通体有青红斑痕。受墨处浅凹，池如偃月。盖、器相合成伏虎式，仿古发兵用之铜虎符。

事实是这样吗？实际上看，的确起到了这样的效果。但从历史情境的角度看，这明显不符合太古时期的特征。首先，太古时期不可能有兵符，这倒不单纯是制造工艺的限制。兵符意味着什么？它意味着兵不识将，或者意味着统军权和治军权的分离。这种调兵制度只可能出现并服务于郡县制国家，服务于中央可以直接管辖地方的时代。别说太古时期不会有需要匹配兵符的这么高级的政治制度，就连西周初年，分封制的巅峰时代也没有。因为既不需要，也不可能。

那么，既然合并的不是兵符，合符釜山合的又是什么符呢？我认为，釜山合符合的是太古时期，特别是原始社会所独有的图腾。它是部落的崇拜物，是一个部落区别于其他部落的标志。简单地讲，它就是原始社会里的logo（商标），一个部落一个样。

图腾有各种具体的形式。有以动物为图腾的，比如，从文献角度看，古羌族的历史可以追溯到殷商时期的一个部落，叫羌方；羌人为什么称"羌"呢，据说因为羌人崇拜羊，以羊为图腾。再比如《诗经》里说："天命玄鸟，降而生商。"商王朝以玄鸟为图腾，商代文物里，也的确有很多禽鸟类的崇拜物图样，比如各种玉凤、妇好鸮尊等。这种以动物为图腾的部落占比最高。另外还有以植物为图腾的，以自然现象（如风、雨、雷、电）作为图腾的，这些也是典型的图腾类型。但是，从实际使用的角度看，用动物图腾的部落占比最高，这是因为原始人会习惯于拿自己和动物做比较。当用动物与人对比的时候，动物的生理优势是直观的。比如马和人相比，马就跑得更快；老虎和人相比，老虎就更有力量；鸟和人相比，鸟能飞；鱼和人相比，鱼是卵生的，每次排卵都能排出成千上万的鱼卵，看起来比人更能生孩子。通过诸如这样的比较，不同的部落、氏族会从自身条件和发展的特征出发，看重不同动物的生理优势，从而单独崇拜某一种或者几种动物。部落希望通过对这些动物的崇拜、祭祀来获得他们的庇护。一言以蔽之，羡慕谁，就想要成为谁。趋利避害的理想通过原始信仰的方式实现，就形成了各种不同的图腾，也就是所谓的符。符是原始宗教的外化符号，而原始宗教又正是原始部落内部治理的政治基础。了解了这些，我们再来看合符釜山这一历史事件。

这是一件商晚期的青铜盛酒器。它的颈、足上层皆饰弦纹，颈下层饰夔纹，足下层则饰小型兽面纹，腹上层饰蝉纹，下层则饰兽面纹，兽面纹张口裂牙。上盖上的鸮首就是商朝自东夷文化承袭而来的玄鸟图腾的文化遗存。

鸮首兽面纹方罍（léi），商晚期

第四章 从黄帝到禹：君主时代到来了

这件鬲撇口束颈，鬲口略呈三角之圆形，左右两侧有立耳，鼓腹下之柱足稍高。颈饰二弦纹，腹作V形断续状绳纹，风格简朴。铭文一字，铸于后足之上的颈内壁，为一象形的鱼字。此族可能是管理鱼务之官，故直以"鱼"作族徽，后世传为姓氏，其为宗庙内祭祀祖先而铸此礼器。鱼，就是该古族的图腾。

鱼鬲（gé），商晚期

这件簋口缘及足均饰饕餮纹，口缘前后正中饰小饕餮，两兽耳，有珥。饕餮是杂糅了多种猛兽特征而形成的文化图腾，是周王室的崇拜物。因此，以饕餮形象为基础抽象化的饕餮纹就成了西周时期典型的青铜纹样。

文簋（guǐ），西周

黄帝合符釜山，是将原来分属于黄帝联盟、炎帝联盟和九

159

黎联盟的各部落的图腾合而为一，形成一个统一的纹样，作为统一后的国家标志。它标志的并不单单是军队的改编，而是国家的统一。更准确地说，是在文化层面创立了一个前所未有的大一统国家，使天下一统的历史合理性深入人心。黄帝发动阪泉之战，平定蚩尤之乱，其军事上的胜利是统一的基础。在军事上，他采用的方式是物理上的消灭。特别是蚩尤之乱，黄帝彻底瓦解了九黎联盟，杀掉了蚩尤本人。由此可见，这个大一统的国家是靠军事强权打出来的，而不是靠仁义道德说出来的。既然是这样，他完全有能力在文化上执行同样的消灭政策。他可以灭符，把炎帝联盟和九黎联盟所有的部落图腾抹去，把自身的图腾强加给战败联盟的部落。而且纵观古代史，选文化消灭这个选项的统治者其实是占多数的。秦灭六国，留秦书焚六国书；康乾盛世，修《四库全书》，收天下书、焚天下书、改天下书。无论是明里还是暗里，各朝的"文化消灭"都有各自的操作方式，而且非常成熟。但黄帝没有选择明里或暗里的灭符，而是选择了真正的合符。后世儒家也好，史家也罢，推崇黄帝、文王、周公……这些被推崇的先公、先王们并非不杀人，相反，由他们主导的国家统一战争或维护国家统一的战争也是杀人如麻的。但是，如何得天下从来不是仁政和暴政的评判依据，如何安天下才是。而黄帝合符釜山这一历史事件，主观上正是为了实现安天下的目的，而客观上，它也的确实现了安天下的效果。文化上的统一使大一统的国家观念深入人心，国家的统一从这时起真正具有了历史的合理性。因此从黄帝以后，中国的古代史出现了一条格外清晰的主线，这就是正统王朝的兴替，最直观的表现方式就是历史朝代列表。这意味着中国尽管在历史上多次分裂，但在任何历史时期内，有且只有一个中国。

黄帝的釜山合符既然不是没收兵符，而是把原来分属于黄帝联盟、炎帝联盟和九黎联盟的各部落、氏族的图腾合并，那合并完的成果肯定得有个说法。那么，这个大一统部落方国联盟国家的图腾又是什么呢？

我推测，这个新的图腾就是龙。

龙，我们并不陌生。但根据文献记载，龙的形象可能起源于更早一些的伏羲氏时代。比如《左传·昭公十七年》《汉书·百官公卿表上》和司马贞《三皇本纪》都提到，伏羲氏以龙给官职命名。但我们要知道，此时的龙，并非彼时的龙。"龙师"的"龙"指的是龙马。《易经》中说"河出图"，这河图是被一种叫"龙马"的神兽驮出黄河的。而龙马之所以叫龙马，是因为它是一种长着龙鳞的马。龙鳞其实就是鱼鳞，所以龙马应该叫"鱼马"或"水马"。称其为龙马，无非是为了增加河图的神秘感。而水中有鳞、形似马的动物我们都见过，它没什么神秘感，更谈不上是神兽，不过就是海马。更何况之前已经讲过,河图其实是黄河及以北地区流行的占卜术杯珓卜,并不会真的存在什么河出图的神异事件。因此实际上,伏羲氏时代还没有今天龙的概念,所谓龙马,不过是后人用后来的神兽龙去附会河图的神秘罢了。

《怪奇鸟兽图卷》(局部·龙马),佚名,日本

那么,为什么说龙的概念起源于黄帝时代呢?从文献角度来说,最核心的依据在于釜山合符完全切合了龙这一形象的创造理念。龙是什么形象?宋朝以后的龙的形象基本可以概括为头似骆驼、角似鹿、眼似兔、耳似牛、项似蛇、腹似大蛤蜊、鳞似鲤鱼、爪似鹰、掌似虎这九个特点。自然界中没有长成这样的生物。这样的生物其实是集合了各种自然界中真实存在的动物的特征,由古人们人为地将这些特征捏合到一起的。这种集诸多真实动物特征于一身的虚拟形象,其创造的理念完全符

第四章 从黄帝到禹：君主时代到来了

合合符这一历史事件。而且，从历史发展的进程看，龙来自原始文化的图腾崇拜，这也说得通。当然，这还只是基于文献角度得出的推理性结论。我们还可以从文物方面对它加以验证。

根据《名山藏》的记载，孔子降生前，有麒麟吐玉书于山东曲阜的阙里。于是，麒麟负书成了后世民间喜闻乐见的玉雕题材。麒麟集狮头、鹿角、虎眼、麋身、龙鳞、牛尾就于一体，也是一种合体动物的图腾形象。《礼记》中，它和凤、龟、龙并列，被称作四灵，是传统文化中的祥瑞之兽。

玉雕麒麟负书摆件，清代

前文提到过，有一种学术观点认为炎黄时期的三大联盟分别对应着新石器时代晚期中国北方的三个新石器文化类型：炎帝联盟对应的是黄河中游、上游的仰韶文化，九黎联盟对应的是黄河中游、下游的龙山文化，而黄帝联盟对应的就是北方的红山文化。炎黄阪泉之战中，阪泉的地理位置在河北省涿鹿县东南，釜山合符的位置在河北省涞水县西北，这两个地方都在今天北京大七环沿线，正好处于三个文化类型的接合部。而代表黄帝联盟的红山文化有一种重要的礼器形制,也是红山文化独有的玉质礼器——玉猪龙。玉猪龙有两种形象,一个胖版的,像是一个大鹦鹉螺;还有一种瘦版的,形状像英文字母"C"。但无论是胖龙还是瘦龙,它们都具有蛇身、猪鼻的典型特征。另外,玉猪龙的眼睛非常圆,说是兔眼也没有问题。玉猪龙被普遍认为是中国最早的龙形象。当然,如果只从视觉上看,它跟我们印象中的龙是大相径庭的。但龙的形象中最重要的是其动物合体的创造理念,而不是某一个具体的动物特征。大家如果搞收藏或者了解文物鉴定就知道,文物上龙的形象是判断文物年代的重要依据,因为不同时代的龙长得是不

龙形佩,战国

碧玉龙形佩,战国中晚期

绞丝纹(春秋战国、秦汉时期的一种玉雕纹饰,绞丝是制丝过程中,将烘干、复摇后的丝片绞成一定规格的丝束的过程,因该纹饰酷似丝束,所以得名绞丝纹)卷龙,战国至西汉

一样的。比如，瓷器上的龙，元朝以前大多是三爪的，到了明朝，则多为四爪龙，后来清朝又流行五爪龙。这还只是时代间隔非常近的、变化不大的龙。如果把参考时代再拉长，像战国玉件上的螭龙，它一只爪子都没有。因此，将红山文化出土的玉猪龙视作龙的雏形，是完全合理的。

另外，我们再来翻文献，《山海经·北山经》中就记载，北次三经的山中有十座山的山神长着猪一样的身子，八条腿和蛇一样的尾巴。猪身、八足、蛇尾，这些特征说明，这些山神不仅是典型的合体图腾神，更是基本符合龙的主要特征的。而且最重要的一点是，《山海经》的《山经》部分，是以山系为单位记录山川河流的分布和该地域内的物产以及风土人情的。而北次三经这个山系所处的地理位置与红山文化的历史分布位置是非常吻合的。如果红山文化对应着黄帝联盟，那么玉猪龙这种器形和釜山合符这个历史事件就是紧密相连的。即便红山文化不对应黄帝联盟，也不妨碍釜山合符的成果就是龙图腾的结论，因为即便玉猪龙不是釜山合符后龙图腾的样子，釜山合符创立合体动物图腾的历史实践也不会因此改变。

总而言之，釜山合符从短期看，建立了文化层面的大一统国家，实现了当时安天下的社会理想。从长期看，它使得大一统的国家概念深入人心，确立了华夏民族国家统一的历史合理性，同时还留下了一个直观的视觉遗产，一个来源于原始文化，但历久弥新的中国图腾——龙。当然，也正是由于龙这一形象诞生于这样一个特殊的政治会盟，而它的诞生在当年又具有这样重大的政治意义，所以龙在后世才从像凤、麒麟等一众合体动物图腾中脱颖而出，成为封建王朝最高权力的视觉象征物。龙的基本文化特征自其诞生之日，就已经由釜山合符的性质确定下来了。

2. 国家的建立

黄帝以前，中国有部落，也有部落联盟。有些部落联盟的盟主实现了所谓天下共主的政治局面，比如太昊伏羲氏，以及从神农氏到帝榆的那八代炎帝。虽然太古时期的这种天下和后世秦汉时期的天下，以及唐、宋、元、明、清的天下覆盖的地理范围差距还非常大，但理念其实差不多。不过，这些成为天下共主的盟主建立的只是军事上的联盟，并不是国家。黄帝以前，中国还没有国家。那为什么说黄帝以后，就有国家了呢？国家的出现，一定有一个或者一系列的标准存在。

从现代标准来看，国家的建立有三要素或者四要素的说法。三要素的说法指的是：领土、人口和能够行使权力的政府。四要素其实就是将三要素中第三个要素的定语和中心词拆分了一下，变成了：领土、人口、政府和主权。无论是三要素说还是四要素说，至少对于历史上的国家而言，二者说的差不多是一回事。什么是国家？简单地说就是有人、有地、有政府，而且政府还要在自己的地盘上能说话算数。因此，无论是把三要素说还是四要素说的标准放到历史中，我们都会发现，领土和人口，这二者早在部落时代就有了。氏族部落以氏族成员为人口；打猎的部落，其定居点和狩猎场就是领土；种田的部落，其定居点和农田就是领土。单就这两个标准而言，它们的存在甚至无须等到部落联盟的形成。因此，国家究竟有没有出现，其最终的衡量标准就落在了有没有建立政府上。

汉归义胡佰长铜印，汉代

这是一件驼钮铜印，钮作伏卧之骆驼形，印体稍薄，印面有"汉归义胡佰长"白文三行六字。"汉"是汉朝，说明了这方印铸造的时代。"归义"即归顺、臣服之意，是汉唐间中原正统王朝赐予归降、归附于己的外族首领的官号称谓。"胡"指胡人，他们是散居于山西省离石县（现吕梁市离石区）以西、陕西省安定县以东一代的北方外族。"佰长"是官名,即百人之长,介于执掌千人的"仟长"及执掌十人的"什长"之间。可见,这方官印的主人是汉代时归附汉朝的某个中等规模的胡人部落的酋长。

"汉归义胡佰长"拥有百人的人口,但他的部落只在山西省离石县以西、陕西省安定县以东一代游牧,没有固定的领土,且其部落无内部政府,所以,无论是归附前还是归附后,他只是部落的酋长或国家委任的外族自治官,并不是国家的领袖或者君主。

晋率善氐邑长铜印,西晋

这是一件驼钮铜印,印面有"晋率善氐邑长"白文三行六字。"晋"是晋朝,说明了这方印铸造的时代。"率善"即循规向善,是对归附于中原正统王朝的外族首领的归附、臣服行为表示赞许和褒扬。"氐"是氐族,也就是后来少数民族南下的五个

第四章 从黄帝到禹：君主时代到来了

主要少数民族之一。他们居住于甘肃及四川等地，自曹魏时，不断归附中原王朝。"邑长"即邑里之长，也就是乡里之长。

晋率善氏邑长没有固定的领土、人口，更谈不上在乡里组织政府，因此，无论是归附前还是归附后，他也不是国家的领袖或者君主。

我们说黄帝以前无国家，黄帝以后就有了，这显然是因为黄帝时代的中国出现了政府。为什么政府可以在黄帝时代出现呢？单纯是因为黄帝具有先见之明，设立了政府吗？事实一定没有那么简单。

政府在此时出现，国家在此时建立，其背后有一个深层的逻辑和变化。前文在讲伏羲氏创立婚姻制度时曾经提到过，距今约八千年时，中原地区的耕地主要集中在伊洛河流域中下游的低海拔平原地区，也就是洛阳盆地里面。等到距今约五千年前后，河洛地区的耕地面积就和现代基本相似了。这意味着华夏民族文化中心区从距今约八千年开始推行农耕生产、进入农耕文明，到距今约四千年前后，农耕化进程全面完成。距今约八千年时，是伏羲氏所处的时代，也是农耕化开始的时代。黄帝所处的时代，大约是距今四千七百年到距今四千六百年前后，这距离华夏民族文化中心区农耕化完成的时代已经非常接近了。这意味着，在黄帝时代，华夏民族的农耕化基本完成了。

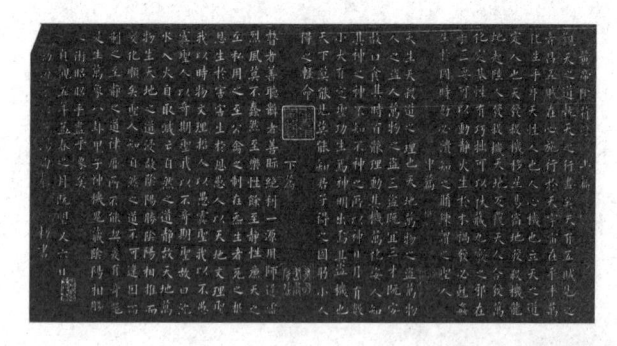

阴符经，欧阳询书，唐代

篆书黄帝阴符经（三体），郭忠恕书，北宋

《黄帝阴符经》论涉气功、八卦、养生要旨、天文历法等诸多方面，旧传为黄帝所撰，并由伊尹、太公、范蠡、鬼谷子、张良、诸葛亮等人注解，后人多认为实则出自南北朝人之手。

那么问题就来了，农耕化完成，为什么意味着政府的出现和国家的形成呢？或者说，如果不完成农耕化，为什么就无法设立政府、建立国家呢？农耕化的完成与政府的出现和国家的形成之间有着怎样的历史逻辑关联？

这是因为政府的运转依赖税收。对于华夏民族乃至东亚而言，如果不完成农耕化，政府的税收就无法保证。没有税收，就没有政府；没有政府，就没有国家。虽然古代政府和现代政府差别很大，古代的商品经济水平很低，现代政府的主要开支，比如军费、基础建设等，在古代花不了多少钱，它能通过征发兵役、征发劳役的方式实现。但一个正义的政府，给官员开工资，维持基本的官僚体系，这是必需的。那么维持官僚体系的这笔钱从哪里出？一定是税收。

在农耕化完成以前，原始先民采用渔猎和采集的生产方式。渔猎和采集意味着什么？意味着我只要有两条腿，就可以四海为家。我可以流浪，我可以说走就走地旅行，而且关键是，我还一定会去流浪，一定会说走就走，因为河里的鱼、山上的野兽可不定居，我也不可能紧着一棵树上的野果薅。这样的话，政府怎么找我征税呢？根本没办法征税，或者至少政府找我征税的性价比相当低。如果是一个人负责征一百个人的税，这是什么概念？一个人负责征一个人的税，这又是什么概念？何况官员不可能只负责征税，不然政府还要养活更多的官员做别的事情。这样一算，朝原始先民征税完全是一个稳赔不赚的买卖，而且是死赔。因此，部落联盟再大，它也设不了政府；实力再强，它也不是个国家。伏羲氏很伟大，之前的华胥氏也伟大，他们并不是想不到设立政府、建立国家，而是他们确实做不到。其实，这条基本原理跟绝对的时间、时代没有任何关系，它只和区域内人类文明的发展进程有关系。如果我们把这个原理放到其他时空，也是适用的。比如，战国以后的中国出现了一个新的问题，就是中原华夏民族和草原民族的关系。草原上的游牧民族一个接着一个出现，这些游牧民族当中，有一些相当强大，比如匈奴，比如少数民族南下时期的鲜卑、羯、羌、氐。他们是国家吗？严格意义上说，他们都不是国家，他们只是非常强大的部落联盟。因为游牧这种生产方式跟渔猎一样，何况游牧的人还骑着马。

椭量，秦代

这是一件秦代的椭量，量呈椭圆形，有鋬柄。外壁有铭文四十一字，记录的是秦始皇二十六年（公元前221年），秦始皇统一六国后诏示丞相隗状与王绾制定标准的度量，颁布的统一度量衡的诏书，云："廿六年皇帝尽并兼天下诸侯，黔首大安，立号为皇帝，乃诏丞相状、绾，法度量，则不一，歉疑者，皆明壹之。"

嘉量，新莽

这是一件新莽时期的嘉量。嘉量是西汉学者刘歆《周礼》考订得出的专门用来测量粮食作物体积的量器，是郡国各地量测五谷体积、征收赋税的单位基准，于新莽始建国元年（即公元9年）制成。量器是古代量测五谷体积、征收赋税的计量器物。

全器由五个量测容器组成，分别是器身上部的"斛"，下部的"斗"，左耳部的"升"，右耳上部的"合"与右耳下部的"龠"（gě）。五个量器之间的换算关系是一斛为十斗，一斗为十升，一升为十合，一合为二龠，体现十进位和二进位的度量观念。全器铭文共有六处，分别位于五个量器的外壁上，说明了尺寸、容量数值和计算方法。其中，"斛"部并铸有长篇铭文，铭文内容为王莽所颁布的统一全国度量衡的诏书，交代了新莽朝上承有绪的建国背景和复古改制的政治理念。

国家的基础在于税收，而农耕化以后，征税的性价比逐步提高。随着农耕化的完成，政府收支平衡的可能性大大提高。于是，政府出现，国家形成，一切都顺理成章，一气呵成。

《史记·五帝本纪》中说，黄帝"治五气，蓺五种，抚万民，度四方"。黄帝的政府头等大事就是保障农业生产，发展农业经济。为什么？因为黄帝非常清楚，农耕是税收的保障，是国家的基础。黄帝时期的税收官制和具体的税收政策早已不得而知了，我们现在已知最早的与税收相关的历史记载只到西周。《周礼》称西周置六卿，也就是六官。他们是中央官僚体系中最重要的六位主官，分别是天官、地官、春官、夏官、秋官和冬官。其中的地官，就是管理赋税征税的官员和衙属，其最高长官叫大司徒。后世称司马、司徒、司空为三公，其中的司徒就来源于此。总之，从农业的空前繁荣到税收、税制的建设，再到政府的成立、国家的出现，这是黄帝轩辕氏时代中国社会、政局发生根本性变化的一条内在逻辑。如果基于国家建立这一最终结果反推，站在这个基本原理上去洞见跨度更大的历史时代，我们就会进一步理解，为什么此后五千年来，中国历朝政府的第一经济选项都是重农。农本思想缘何而来？为什么百业以农为本？我们深入领会这个原理，未来由此看待国人暴动、看待汉匈战争、看待很多重大历史事件，一定还能找到促成历史拐点的非同凡响的内驱力。

3. 从氏族社会到阶级社会：五帝时代的社会主题

太古时期可以分成三个时间段：前三皇时期、三皇时期和五帝时期。"三皇五帝"这个词语我们应该不陌生，但"三皇五帝"具体是谁，可能大部分朋友说不出来。其实这也非常正常。也许有读者朋友会觉得奇怪，本书所讲的"三皇"——太昊伏羲氏、炎帝神农氏和黄帝轩辕氏，他们怎么跟大家一般认知中的"三皇"不一样？特别是黄帝，《史记·五帝本纪》开篇讲的就是黄帝，黄帝不应该是"五帝"之一吗，怎么被归到"三皇"里去了？没错，如果按照太史公的分法，黄帝确实属于"五帝"。不过，《十八史略》采纳的"三皇"就是本书之前讲的三位。其实，"三皇五帝"是谁并没有定论，"三皇"附会的是"天、地、人三才"，"五帝"附会的是"五行、五方"，所以"三皇五帝"只不过是古人对太古先王的习惯性泛指，因此不同的古籍说法本就不同。但总体来说，涉及的人选无非是燧人氏、有巢氏、伏羲氏、神农氏、祝融、黄帝、少昊、颛顼、帝喾（kù）、尧、舜、禹等，不同说法的主要区别在于对上述先王的选择和组合方式。我们读历史，寻找的是史实，思考的是规律。考证"三皇五帝"怎么组合，这就相当于评选太古史的"三大皇""五大帝"，这种历史"选秀"实际没有多大意义。因此，如何定义"三皇五帝"不必太纠结，我们应该更加关注太古时期的社会变迁，以及由此引发的深刻影响，比如之前我已经讲到的婚姻制度、农耕生产、税收问题等。如果泛读中国史，我们或许总会习惯性地认为很多问题都是后世才出现的，事实上并不是。如果我们读儒家经典，听孔孟之道，看古代儒生言必称三代，或许总会觉得那是他们迂腐，不接受新鲜事物，其实也不全是。俗话说"当局者迷"，今人总会认为自己面对的困局才是史上最大的困局，甚至可以说是前所未有的困局。但其实细读历史我们就会发现，很多事情其实是循环往复的，找出循环往复背后的逻辑线，才能把历史读透。

我们回到"三皇五帝"这个问题。各种古籍当中，在诸多上古人文始祖里挑"三皇五帝"的人选，无论怎么挑，无论怎么分组，黄帝都是必不可少的一个人。而且，有人把他算在"三皇"中，也有人把他算在"五帝"里。由此可见，黄帝是一位承前启后的君王。从宏观历史来看，黄帝是旧部落联盟时代的最后一人，又是建立新国家的第一人。因此，把他往前排，放在"三皇"的最后一位，有道理；但如果把他往后排，放在"五帝"的第一位，也有道理。从微观角度来看，中国古代史其实就是家族兴衰史，如果按照《史记·五帝本纪》选取的"五帝"，即黄帝、颛顼、帝喾、尧和舜，如此看来，黄帝是国家的开创者，颛顼是黄帝次子昌意的儿子，帝喾是黄帝长子玄嚣之子蟜极的儿子，也就是黄帝的曾孙，而尧是帝喾的儿子，也就是黄帝的玄孙。这四位君王都是一家人。也就是说，权力一直是在黄帝家族的子孙中传递的。唯独只有最后一位舜，他成了黄帝家族统治的终结者。当然，舜的后面还有一个禹。我们都知道禹接替了舜的王位，但是禹为什么没有出现在"五帝"当中呢？因为"夏传子，家天下"，禹自然成了夏朝的第一位君王，所以他就被划分到夏朝的历史当中去了。而在《十八史略》的表述中，黄帝是归上不归下，他是"三皇"的最后一位。这样划分，《十八史略》的"五帝"就空出了一个名额，于是《十八史略》的作者曾先之就把这个名额留给了黄帝的长子玄嚣，也就是少昊金天氏。

因此，本书所指的"五帝"就是少昊金天氏、颛顼高阳氏、帝喾高辛氏、帝尧陶唐氏和帝舜有虞氏。人选一经确定，太古史的最后一个细分期的时间范畴也就确定下来了。以历史事件为划分标志，本书中的五帝时期指的就是从少昊即位到舜驾崩、禹登基、夏朝建立的这段时间。

五帝时期是一个非常典型的历史过渡期，其承前启后的特征格外明显。咱们先说"承前"，即承接三皇时代的问题。从政治血统上，"五帝"的前四帝都是黄帝的后代，他们继承的是黄帝建立的国家。黄帝建国这段历史归在了三皇时代，但他所建立的国家，特别是由他这个家族直接主导的历史却被放在了五帝时代。一个国家的历史被人为划分在两个历史时代中，这是中国史上绝无仅有的情况。再说"启后"，从政治体制上，五帝时代的国家形态与三代的区别并不大，特别是与夏、商。三代的一些基本制度，比如分封制、礼乐制的萌芽都诞生在五帝时期。如果从社会发展的进程上看，从伏羲氏的经济社会改革开始，原始的氏族社会逐渐崩溃，新兴的、由贵族主导的阶级社会逐渐建立。这段时间社会的发展更是渐进的、模糊的，就更难于用以王朝更迭作为分界去分割历史时代了。因此，以上种种，都注定了"过渡"二字将成为这个时代的总特征。

但是同时，从历史的资料上看，我们却又不难发现，五帝时代又有中国历史上一条非常清晰的分水岭。在他们之前，历史主要依靠传说断续拼贴，处于一段有、一段无的状态。比如炎帝神农氏、黄帝轩辕氏，他们在位期间的历史相对明朗一些，但二者之间，炎帝还传位了八世，这期间的事干脆就什么也没留下，连一段传说都没有。也就是说，这期间的历史多半是花名册，能留个名就相当不容易了。以至于之前我们讲历史，经常要从训诂的方向出发，通过研究这些人为什么叫这个名字来反推他可能做过什么事情。而这之后的历史，事件陡然变得丰富，人物瞬间变得丰满，一个人只要留了名，基本也都能留下事迹。颛顼至舜这一段恰巧处于史料的匮乏与丰富两种状态之间，所以这段历史堪称一段可以全讲，但讲不全的历史。因此讲这一段，本书将挑出关乎历史发展的、有重要人物参与的大事件，通过四个话题来讲述当时的社会变革和历史发展。

这四个话题的展开,可以依照时间顺序先行后续,同时参照逻辑顺序由浅入深。

第一个话题,我称之为华夷之争。"五帝"中的少昊金天氏究竟有没有称帝,这本不该是太古史中的一大疑案。原本清晰的史实是谁在混淆视听,这么做的目的又是什么?这个问题的本质是如何看待历史中的中原华夏体系与东夷体系的争锋。这是太古到夏商之间,中国历史中的一条重要隐藏线索。

玉圭,龙山文化

少昊金天氏的后裔对应着考古学上的龙山文化。

第二个话题,我称之为洪水滔天。只要是中国人,一定听说过鲧禹治水或大禹治水,帝尧在位期间,中国发生了大洪水之灾。这一事件从短期看使禹获得了巨大的声望,改变了中国短期政治格局,奠定了夏朝的基础;从长期看,这次洪水改变了地理环境，促成了生态变迁，进而对华夏文明的整体走向产生了深刻影响。

第三个话题，我称之为宇宙拓荒。四方上下谓之宇，往古来今谓之宙。帝尧在位期间，政府做了两件大事，这两件大事影响了中国后续至少三千年的历史，一个是所谓羲氏、和氏四兄弟制定历法，一个是禹和伯益主持的全国国土资源考察活动。

第四个话题，我称之为权力交接。我们要围绕黄帝轩辕氏到禹，也就是到夏后氏之间的至少七次王位更替来探讨太古的权力交接方式。太古时期用的究竟是世袭制还是禅让制，历史为什么会在彼时选择这样的制度，它又给此后的中国带来了

仿唐人大禹治水图，谢遂绘，清代

什么？

这四个话题，刚好涵盖了这个新兴国家的外交、生态、科学和政治四个主要领域。那么接下来，我们就依次开启这四个话题，在浩如烟海的真相与谎言中重建传说中的太古史之五帝时期。

4. 少昊金天氏的即位之谜

少昊金天氏是这一节的主人公，其实在已知的文献记载中，如果单纯从历史发展的角度看，其历史功绩并不大，他所在的时代，社会变化也不算大。按理说，这样一位先王或许可以被视作华夏民族的人文始祖，但位列"三皇五帝"之中，特别是和另外七个人并列的时候，分量好像差了点。但是在一些古籍中，少昊金天氏仍然被纳入"五帝"之列，比如《吕氏春秋》《世经》《资治通鉴外纪》，再比如本书参考的基本历史线索《十八史略》。其实《十八史略》把他排在"五帝"之首，是一件值得思考的事。因为《十八史略》的先秦部分主要节略自《史记》，但在《史记》里，黄帝是被编排在《史记·五帝本纪》中的。"五帝"中是有黄帝而没有少昊的，而且不单"五帝"中没有他，司马迁还根本不承认少昊作为国君的地位，只是轻描淡写地介绍了一下有少昊这个人。《史记·五帝本纪》记述，黄帝驾崩以后，归葬于桥山。接着，黄帝的孙子、黄帝次子昌意的儿子高阳氏就直接即位了,也就是帝颛顼。换句话说,司马迁的记述是黄帝跳过了儿子,直接将王位传给了孙子,但这种情况在中国五千年的君主世袭史中,是极其罕见的。

历史中有具体一例:朱元璋就是把皇位直接传给了皇太孙朱允炆。但这是因为皇太子朱标死在了朱元璋前面,而且朱标是朱元璋的嫡长子,朱允炆又是朱标的嫡长子,所以朱元璋跳过皇子传位于皇孙实际上是符合嫡长子继承的原则的。但是如果真如司马迁所说,黄帝直接传位于高阳氏,这里面就有问题了。

明太祖朱元璋坐像图轴,佚名,明代

首先,整个太古时期还都没有嫡庶之别,只有长幼之序。比如帝尧有两个女儿——长女娥皇、次女女英,娥皇、女英都嫁给了帝舜,古代文献也称二人为妃,没有主次之别。既然没有妻妾之分,自然也就不存在嫡庶之别了。今天我们能够看到的古籍当中标记的太古女性始祖的妻妾身份,比如正妃、次妃之类,都是后人依据周礼臆造的,太古当世是没有的。因此,我们经常能够看到的说法是黄帝的长子是方雷氏所生的玄嚣,也就是少昊金天氏,而昌意是嫘祖所生的次子。黄帝如果想要传位给儿子,第一人选显然应该是长子少昊了。毕竟少昊年长,政治经验相对丰富。

第二,没有证据表明黄帝驾崩的时候,次子昌意已经死了。如果真像《史记·五帝本纪》中所说的,因为高阳氏(也就是颛顼)有圣德,所以黄帝偏爱孙子高阳氏,那也应该先传位给次子昌意,再让昌意传位给高阳氏,而不是跨过昌意直接传位给高阳氏。这一点我们可以参考晚商时期,周王古公亶(dǎn)父传位季历的故事。

> 古公长子太伯,次虞仲,其妃太姜生少子季历。季历娶太任生昌,有圣瑞。太伯、虞仲知古公欲立季历以传昌,乃如荆蛮,断发文身以让季历。
>
> ——《十八史略·卷一》

古公亶父的长子是太伯,次子是虞仲。古公的王妃太姜生下了小儿子季历。季历娶了太任,生下了昌。昌出生时,出现了祥瑞。太伯、虞仲知道古公最终想要立季历为王,以便将王位传给昌,于是就出走到了蛮夷聚居的楚地,剪断了头发,在身上文身,把王位直接让给了季历。

古公亶父也是看重自己第三子季历的儿子姬昌,也就是后来的周文王,所以古公亶父让长子太伯、次子虞仲出走,然后先将王位传给了季历,以便让季历再将王位传给姬昌。

基于这样的两个原因,我认为《史记·五帝本纪》中黄帝跨过儿子一辈,直接将王位传给孙辈的高阳氏,这个记载是不符合历史事实的。符合史实的情况应该是黄帝传位于长子少昊。而少昊死后,王位又被昌意之子颛顼取得。这个观点也并非推测,而是有文献依据的,这里只简单举两个例子。其一,如《山海经》《吕氏春秋》,很多先秦古籍都称少昊为白帝少昊,这一点就连《史记》在记汉高祖斩蛇起义的时候,也是认可的。既然称之为帝,那他必然是继承过王位的。其二,春秋时期郯(tán)国的国君郯子(己姓,少昊后裔,孔子周游列国时曾拜他为师)是少昊的直系后裔,"二十四孝"中"鹿乳奉亲"故事里的主人公就是他。

周郯子,性至孝。父母年老,俱患双眼疾,思食鹿乳。郯子乃衣鹿皮,去深山,入鹿群之中,取鹿乳供亲。猎者见而欲射之。郯子具以情告,乃免。诗曰:"亲老思鹿乳,身挂褐毛皮。若不高声语,山中带箭归。"

——《二十四孝·鹿乳奉亲》

周郯子,品性极其孝顺。郯子的父母岁数大了,而且双目都患有眼病,想喝鹿奶。于是,郯子穿上鹿皮,到深山里进入鹿群中,取得鹿奶来供养双亲。打猎的人看见他,以为是鹿,就想要射死他。郯子将实情都告诉他,才得幸免。有诗写道:"父母亲老人想吃鹿乳,郯子身披褐色的鹿皮(伪装成鹿去取奶)。如果不是他大声对猎人讲明实情,不免要从山中带着箭伤回来了。"

二十四孝图页·鹿乳奉亲,仇英绘,明代

《左传·昭公十七年》中记载了郯子的一段话，他说我的高祖少皞即位的时候，凤鸟正好来到，所以他就以鸟来记事，设置的各部门长官的官名也都用鸟来命名。

> 我高祖少皞挚之立也，凤鸟适至，故纪于鸟，为鸟师而鸟名。
>
> ——《左传·昭公十七年》

这段话直接记述了少昊即位时的情景。既然即位了，那么少昊也是国君。而且根据他是黄帝长子，是颛顼伯父的这一辈分和他的年龄，黄帝驾崩以后，继承王位的人就是他。但是，《史记·五帝本纪》里面虽然提到了少昊，却拒绝承认少昊的帝位，不仅没有给他单独传记，还有意忽视他的存在。

鸟纹戈，商晚期

商文化起源于以少昊国为代表的东夷文化，因此，商代文物中饰以鸟纹者颇多。

这是为什么呢？

我认为，司马迁绝对不是不知道少昊称帝的历史，而是在有意回避这段历史。他这么做的原因背后，其实埋藏着先秦史，特别是夏商史中一条非常重要的隐藏线索，也就是华夏与东夷之间的关系。

在先秦的古族、古国当中，少昊族或称少昊国是比较少见的、能够在考古学上找到对应的文化类型的古族。今天的学术界普遍认为，少昊国所对应的是今天山东的大汶口文化（黄河下游的新石器文化，分布地区东至黄海之滨、西至鲁西平原东部、北达渤海北岸、南到江苏淮北一带，距今约六千五百年至四千五百年，因山东省泰安市岱岳区大汶口镇大汶口遗址而得名）。而山东地区，在先秦称东夷。西周时期，周人给华夏以外的其他古族起了一系列具有歧视性的外号。其实商周时期，这些所谓的其他古族各有各的名字，甲骨文里有很多的方，就是方国，比如鬼方、吕方、羌方等。但是周人的文化优越感非常强，对外族不称名字，只是统一按照外族国家的方位叫它们的外号。住在北边的叫北狄，住在南边的叫南蛮，住在西边的叫西戎，住在东边的就叫东夷。所谓蛮夷、夷狄、戎狄这些后世对外族的蔑称，都来自这里，而少昊之国就是东夷大国。

先秦两汉时，圆圈形玉器的器名纷繁复杂，《尔雅》收录的有璧、环和瑗三种。目前主流的观点是将剖面呈长方形者统称为璧，比例上，孔大的称为大孔璧，剖面近圆形的称为环。这件大孔璧由青白玉制成，外缘局部有深浅不一的褐色沁染。器形圆整，内壁稍厚，外缘磨圆而稍薄，全器光素温润。

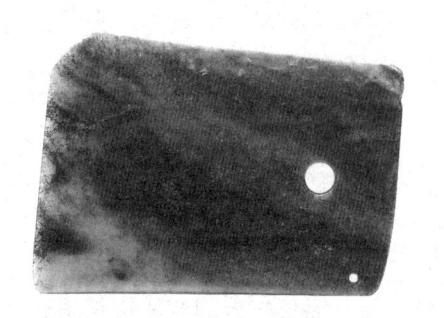

大孔玉璧，大汶口文化中晚期

玉钺，大汶口文化晚期

这件玉器由以阳起石为主的闪玉制成，未受严重沁染，青绿带褐色，散布黑砂点般的包裹物，器面抛光甚佳。这种平直宽刃，于较短一端带缺角的玉钺，普遍出现于东夷史前遗址中。

这里先要解释一下，有人说黄帝建国，少昊既然继承了他的王位，怎么还能是东夷大国呢？因为黄帝建立的这个国家是部落联盟制的，它的统治基础仍然是部落军事联盟。少昊固然是黄帝的儿子，但他被分封在东方，他的封国属东夷。也就是说，他个人有轩辕氏的血脉,但他所统治的政治军事集团却属于东夷集团。

以上只是单纯从地理范畴来描述东夷,相对比较抽象。回到考古学上,从新石器文化类型的角度说,东夷包括北辛文化、大汶口文化和龙山文化,进入青铜时代以后,东夷发展为岳石文化。通过对这些一脉相承的文化类型的列举,我们就会发现,整个东夷体系的文化独立性非常强,而且地方特色非常鲜明,和中原地区的仰韶文化、二里头文化差异相当大。

陶鬶是大汶口陶器的典型器物,是用作烧水的容器。这件陶鬶呈灰白色,造型独特,如一只伸着长喙的鸟正在引吭高歌,颈部粗短似漏斗状,顶部有斜向的流伸向器身前部。圆环形提梁,上联颈部,下接器身,表面按压成绞索状。腹部略呈球状,腰部有一周横向附加堆纹,表面压印成花边形的装饰。古人运用形象夸张的艺术手法,以三足鼎立的稳定性原则把三个肥大的空袋足均匀分布于腹部下方。稳定支撑,同时亦可增加受热面积缩短烹煮时间。该器是由高岭土经1200摄氏度左右的高温烧制而成,胎壁较薄,质地却很坚硬,体现出了东夷先进的制陶工艺。

白陶鬶(guī),大汶口文化

东夷文化自形成时期，就显现出鲜明的文化独立性。如背壶就是大汶口文化特有的水器，可以盛水或汲水。背壶一般素面，不加修饰，这件背壶被发现于墓

彩陶背壶，大汶口文化

中，体积小巧，外观华丽，因此被推定为明器，而非实用器。

玉戚，龙山文化中晚期

此摆件是龙山文化中晚期典型的玉戚，两侧雕琢典型东夷文化中的华东式扉牙。

器表本应光素，推测应是清初时以弦纹加雕了仿古的鹰纹、虎纹，以及侧面神祖纹，更在雕纹后，将全器沁染成褐色。从纹饰主题可推测，雕琢此仿古纹的玉工，应该见过某些雕有鹰纹、虎纹的上古玉戚。

第四章 从黄帝到禹：君主时代到来了

乾隆皇帝显然非常珍爱这件玉戚，但他没有鉴定出其东夷玉制礼器的"身世"，而只是将它视作斧形的佩饰。清乾隆五十二年（1787年），乾隆皇帝为之赋诗《咏古玉斧佩》，诗中推敲玉器的制作年代到底是汉代还是夏代。该诗后收入《清高宗御制诗文全集·御制诗三集》卷三十五。诗云：制以廉贞寓，珍惟温润资。性真禅者性，肌是道人肌。抚处不留手，对之有永思。若论年近远，劈正共殷时。

就拿新石器时代最常见、常用的日用品陶器的生产来说，大多数新石器文化类型发展出来的都是彩陶，像黄河中上游仰韶文化或黄河上游马家窑文化的彩陶，这些彩陶的纹样越来越丰富、越来越精美。但东夷区域就完全不同，东夷最优秀的陶种不是彩陶，而是轮制的黑陶。东夷的龙山黑陶的陶胎特别薄，最薄的黑陶有"蛋壳陶"之称。龙山以后，中国的陶瓷仅在薄胎这一点上，一直没能超越龙山黑陶。再出现这么薄的瓷胎，那都得是民国瓷了，就连清朝的瓷器都做不到。当然，烧瓷比烧陶难得多，窑温高，容易瓢。但对于新石器时代的原始先民而言，这种制作技艺在当时绝对算得上独步天下。这种鬼斧神工的制陶工艺表明，至少在先商龙山时期，东夷地区的文明程度绝不比中原地区低。

黑陶鼎，龙山文化　　　　黑陶罐，龙山文化

制作陶坯的常见方式有两种，一种是泥条盘筑式制陶，一种是快轮制陶。前者，制作时先把泥料搓成长条，然后按器型的要求从下向上盘筑成型，再用手或简单的工具将里外修饰抹平，使之成器。用这种方法制成的陶器，内壁往往留有泥条盘筑的痕迹，所以相对原始。后者，是在慢轮制陶的基础上，逐渐发展起来的。制作者将陶土放置在陶轮上，利用快速旋转的陶轮产生的离心力量拉土制坯。龙山文化时期，快轮制陶技术的成熟是新石器制陶史上最大的飞跃，是中国陶瓷史上的重大进步。快轮制陶技术不仅极大地提升了陶器的产量、降低了陶器的生产成本、满足了百姓的日常用陶需求，而且快轮制陶所制器皿较之泥条盘筑式陶器，胎体厚薄均匀，形态规整，其中的薄胎更可薄如蛋壳。龙山文化出产的坯体厚度在0.1毫米至0.2毫米之间的薄胎黑陶更是代表了中国古代制陶工艺的巅峰。

而从公元前3500年到公元前2600年的这段时间，又正是代表少昊国的大汶口文化高速发展的扩张阶段。向西，在河南东部，大汶口文化全面取代了仰韶文化；向西北，大汶口文化从山东进入河南北部、河北南部。大汶口文化以后的龙山文化和岳石文化也都呈现出较强的扩张状态。也就是说，东夷发源于山东，它的政治文化中心区在山东，但它在盛大的时候，其影响力几度渗透到了中原内部。这些是考古层面得出的结论，而从历史角度看，它反映的恰恰是东夷体系对中原华夏体系构成的长期、巨大威胁，以及东夷集团对中原王朝展现出的高压态势。在史料中，这样具体的历史事件是层出不穷的。

比如，夏朝第三代夏后太康在位期间，东夷有穷氏首领羿反叛，一度占据夏都，夺取帝位，号称后羿。也就是说，作为中原正统王朝的夏朝曾经是被东夷颠覆过的。夏朝于东夷，有亡国之恨。再到商朝，末代商王帝辛，也就是商纣王，就是因为倾全国之力讨伐东夷，才一不留神被弱小的周朝偷袭，最后竟然身死国灭。商纣王真的是暴君吗？这一结论看似是历史的公案，实则可能是西周的政治宣传。但至少，亡国时的商朝仍旧非常强大。商朝的灭亡充满了无限的偶然性，而促成这个偶然性出现的主要因素依旧是东夷集团。总而言之，东夷集团不仅长期威胁中原王朝，而且还不止一次地成了历史的拐点。这种关系和态势始终贯穿夏、商两朝的历史，准确地讲，甚至应该是贯穿了夏、商两朝的统治，这是后世历代自诩正统的中原王朝所不愿直视的历史。

这是华夏与东夷关系的第一个基本面，它表现为政治上不可调和的激烈对抗。而在政治上激烈对抗的表象背后，二者又在文化上相互成全。

牙璧，是新石器时代大汶口文化到安阳殷墟所在时代期间特有的玉质礼器，属于璧的变体。它是中原华夏传统玉器璧与东夷华东式扉牙的结合体，体现了东夷文化与华夏文化的相互渗透、相互影响。

玉牙璧，大汶口文化—龙山文化

本器为玉牙璧，圆形外缘尖突四组钩状的出牙与齿状的钼牙，相对的出牙尖端连线，则两线垂直，表示四牙等分圆周，中孔略偏。

比如夏墟二里头遗址的前身二里头文化，从考古成果可看出，二里头文化受龙山文化的影响，胜过它对龙山文化的影响。再比如从地利上，商朝就是因为楔进了东夷和中原的接合部才得以崛起。而在商文化中，我们也可以看到其深受东夷文化影响。少昊被认为是东夷文化的始祖，他身上有很多与鸟有关的神话，比如《左传·昭公十七年》说少昊即位时正好有凤凰飞过，所以他就用鸟的名字给国家的官员、机构来命名。比如《山海经》中少昊的儿子勾芒是人面鸟身的形象，少昊的另一个儿子穷奇长得像老虎，但肋下长有一对鸟翅。

这些神话反映的都是少昊之国以及少昊后裔的东夷文化中存在的凤鸟崇拜现象，和以鸟为图腾的历史。而商朝的始祖被认为是玄鸟所生，所谓"天命玄鸟，降而生商"。这种玄鸟崇拜，我们无法从中原的华夏文化中找到出处，因为它恰恰是受到东夷文化影响产生的。而从政治军事的角度看，夏商两朝，无论中原谁坐江山，东夷始终是中原的一块心病。

《怪奇鸟兽图卷》（局部·穷奇），佚名，日本

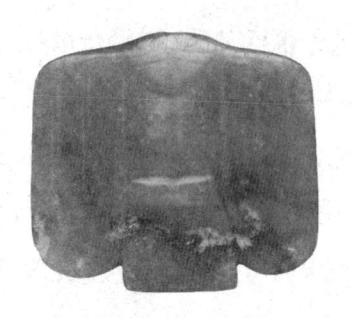

鸟形玉珮，红山文化晚期　　　鸟形玉珮，红山文化晚期

西周吸取前朝灭亡的经验，积极出击东夷。西周初年，武庚叛乱平定以后，周公直接把最得力、最信任的人才分封到东夷地区，建立了两个实力超级强大的东方大国，一个是姜太公吕尚建立的齐国，一个是周公自己的儿子伯禽建立的鲁国。由此，山东地区被西周牢牢掌控。经过两三百年的同化，中原文化终于逐渐瓦解了东夷文化体系的独立性。到了春秋时期，东夷少昊一族的后人才逐渐因无所作为，渐渐退出历史舞台。从文化上来说，春秋以后，山东地区就只有齐文化、鲁文化，鲁国尤其完整地保持了周文化，一度成为当时中国的文化中心。这以后，山东再也没有东夷文化了。

因此，华夏与东夷关系的第二个基本面是文化上的长期交流和最终融合。这种交流和融合的结果，就是春秋以后东夷文化彻底消失，但华夏文化也被东夷极大地改变了，此后从文化上，再也无法将二者拆分、剥离。

那么，回到之前引出的华夏与东夷关系问题的历史谜案上，上面的论证，就解释了司马迁为何明知少昊称帝，却不承认少昊的帝位。东夷、南蛮、西戎、北狄，这是中原华夏民族对四方别族的蔑称。无论华夏文化是否真的优越，这种夷狄观念都是根深蒂固的。司马迁在《史记》中对少昊称帝并未提及，首先是出于对其所代表的东夷集团在文化层面上的不认同。何况从战争史的角度上，东夷集团数次颠覆中央正统王朝，这也是历代史官有意回避的屈辱史。所有这些，都是司马迁不承认少昊帝位的浅层原因。

除了文化上的历史分歧与偏见，司马迁不承认少昊帝位还有更重要的深层因素。我们可以尝试将华夏集团和东夷集团理解为一个国家内的两个政治军事集团。中国古代的对外关系其实只有三种：朝贡关系、战争关系和贸易关系。朝贡是正统王朝始终追求的一种常态化的对外关系，它是古代对外关系的主流；次之是战争关系，是非常态；再次之是贸易。古代中国的贸易和现代说的贸易又不太一样。现代贸易追求的是平等，谋求的是经济利益；古代中国对外贸易的主流是宾夷通戎的朝贡式贸易，是"进献"和"赏赐"的关系。这种外贸的目的不是为了挣钱，相反是为了赔钱，它仍然是朝贡外交的附属品，真正谋求经济利益、为了互通有无的外贸往来是很少的。应该说，战争和贸易在多数时期，都是为了促成和维持朝贡关系。

画面中的人物是一位外族朝贡者，他卷发戴头箍，深目隆鼻虬髯，衣服贴身，隐约可见壮硕的肌肉，腰佩短剑，侧身而立，手牵山羊。羊角修长，形状奇特。人物与羊的造型与台北故宫博物院藏传阎立本《职贡图》卷相似，同样是描绘唐代外族入贡的题材。选自《集古图绘册》。画无作者名款，据幅前宋徽宗（一说金章宗）题签为周昉。周昉，唐代长安人，贵族出身，善人物画。

蛮夷执贡图（传），周昉绘，唐代

那么按照这个思路，我们再来看中原华夏与东夷的关系，特别是二者在太古时期的关系，就会发现二者既保持了漫长的非常态的战争关系，也有和平时期内常态化的朝贡关系。不过，二者的关系当中有一点与以上所说不太一样，就是华夏和东夷的关系始终统辖在一个国家的框架内。最初，在黄帝战胜炎帝、统一炎黄集团以后，当时的中国存在两个政治军事集团：炎黄集团与蚩尤集团。黄帝平定蚩尤以后，为了稳定东夷

第四章　从黄帝到禹：君主时代到来了

集团，就把长子少昊分封到了东夷。那么，为什么被分封到东夷的人是少昊，而不是昌意呢？我想可能有两个原因：第一，少昊年龄大，理应更早具备独立主政的能力；第二，《路史》当中有一种说法，认为黄帝的儿子青阳娶了一个叫寒哀的人的女儿，生下了少昊金天氏。寒哀是后来夏朝的寒浞（东夷寒国的首领，反叛并杀死了有穷氏后羿，史称"寒浞之乱"）的先祖，封地在寒国，也就是今天山东省潍坊市寒亭区的寒水边。这个地方是典型的东夷文化区。但是，《路史》搞错了青阳和少昊的关系，青阳就是少昊，所以娶寒哀女儿的人很可能不是青阳，而是黄帝本人，所以寒哀的女儿就是方雷氏，而东夷的寒国就是少昊金天氏的母国。出于这样两个原因，少昊就被封于东夷。

黄帝驾崩以后，黄帝轩辕氏的氏族内部实际上就分成了两支，一支是被分封到了东夷地区的长子少昊，一支是仍然留守中原华夏的次子昌意。由于少昊的威望更高，所以在黄帝驾崩后，少昊继承他的位置成了新的天下共主，因此这时，中原华夏是要向东夷朝贡。而等到少昊驾崩，昌意和他的儿子颛顼又成为天下共主，东夷又要向华夏朝贡了。此后一直到尧的时代，天下共主的帝位在少昊和昌意两支的后代之间数次易手，客观来看，这固然是华夏集团和东夷集团实力消长的结果，而且当时的国家本身就是由数个军事部落联盟共同组成的。

国家只是名义上的国家，是文化上的大一统，并不是政治上的大一统，所以这种政治格局是这样的国家所能够接受的。但是，对于西周以后，以及后世封建国家的君主和官僚集团而言，华夏集团和东夷集团形成的这种政治格局是完全无法接受的。因为周天子和后世封建国家的皇帝永远出于大宗，绝不可能说皇帝家和藩王家谁的实力强，这一届的皇帝就让谁家的儿子当。

所以说，司马迁拒绝承认少昊的帝位，深层的原因是受到了当时政治环境的巨大影响。一方面，汉朝作为一个代表华夏文化的正统王朝，它只能认可历史中代表华夏集团的先王具有历史上的正义性，而少昊代表的是东夷集团；另一方面，建元五年，汉武帝设五经博士，"罢黜百家，独尊儒术"，儒家学说成了被政府认可的唯一正确的学术思想。《史记·五帝本纪》中，这"五帝"的人选可并非太史公自己选出来的，而是孔子亲自选定的。司马迁的"五帝"人选采用的是《孔子家语·五帝德》里的"五帝"人选。其实，古代封建王朝的政治环境左右古代历史记述的例子还有很多，这可能只是太古史中我们遇到的第一个。东夷体系与华夏文化的关系、东夷集团与中原王朝的关系，是贯穿夏商史的一条重要历史线索，本节我们就少昊即位的问题开了一个头，之后进入夏商时代，在其他历史事件中，我们还将继续展开讲述。

5. 鲧禹治水与大洪水时代

只要是中国人，一定听说过鲧禹治水的历史或者是大禹治水的神话故事。故事的背景是帝尧、帝舜在位期间，东亚地区发生的大洪水现象。在这次洪水中，政府组织了抗洪救亡的行动，而在抗洪工作里，年轻的禹凭借治水之功脱颖而出，获得了巨大的声望，这奠定了后来夏后氏的兴起和夏朝的诞生。从长期历史来看，这次大洪水的泛滥与洪水时代的远去，极大地改变了中国东部的地理环境，促成了局部的生态变迁和文明的转向。那么，如何看待大洪水时代中的这段历史和历史中的大洪水时代？我想，我们同样可以从两个角度来看：其一是看洪水中的历史事件、历史人物，看治水的主要人物、治水的经过，以及最重要的，治水这件事究竟发生在哪里；其二是从生态史的角度看历史中的洪水，这次洪水的成因是什么，它又改变了什么。

我们首先从第一个角度来看。

治水的代表人物有三位，早期的代表人物是鲧，也就是禹的父亲；后期的代表人物是禹，以及禹的助手伯益。根据《史记·夏本纪》的说法，鲧的父亲是"五帝"之一的颛顼，颛顼是昌意的儿子，昌意是黄帝的次子。也就是说，鲧是黄帝的孙子。当时当政的尧出自黄帝长子少昊这一支，是黄帝的玄孙，那么鲧其实比尧要大出两辈。就当时的政治环境来说，鲧出自小宗，尧出自大宗，鲧是尧同族不同宗的爷爷。

尧在位期间，大洪水铺天盖地，《尚书·尧典》称之为"汤汤洪水方割，荡荡怀山襄陵，浩浩滔天"，就是说浩浩荡荡的洪水先是把原本连在一起的土地分割开来，之后只剩下高山被洪水怀抱，因为平原都被淹得瞧不见了，最后的最后，洪水的波涛都漫到了天上。如此夸张的比喻，可见当年水势之猛，泛滥时间之长。帝尧手下有四位重臣，被称为"四岳"，从古至今，有不少学者提出四岳不是四位大臣，而是一个叫四岳的人，这个和历史主线关系不大，我们就不展开说了。总之，当年洪水泛滥，四岳向帝尧力荐了鲧，让鲧主持治水工作。当时尧并不看好鲧，但是碍于四岳的面子，几乎是不得已地带病提拔了鲧。结果，鲧采用的治水方法就是不断地筑堤和不断地堵漏。这其实是治水的常规方式，本来也无可厚非，因为古往今来，治水的常规方法也就是筑堤堵漏，这种方法平时管用，但在面对滔天的洪水时就没什么作用了。最后，在整整九年的时间里，堤坝还一而再，再而三地决溃，水患还是没治好，劳民伤财。按照《尚书》的说法，鲧还可能是个工作狂，对下属和参与治水的普通民工管理太过严苛，所以到头来不但治水无功，还闹得怨声载道，激起了民愤。

帝曰："咨！四岳，汤汤洪水方割，荡荡怀山襄陵，浩浩滔天。下民其咨，有能俾乂？"佥曰："於！鲧哉。"帝曰："吁！咈哉，方命圯族。"岳曰："异哉！试可乃已。"

——《尚书·尧典》

帝尧问："哎，四岳啊，洪水泛滥成灾，包围了山陵，简直是滔天洪水。老百姓都唉声叹气，有能治水的人吗？"人们都说："嘿，鲧吧。"帝尧说道："他啊，他违背民意，不服从命令，危害百姓啊！"四岳说道："怪了，我觉着他不是这样的人啊，让他试试看吧。"

当时，帝尧陶唐氏虽然还没有退位，名义上仍然是天下共主，但国家权力的实际掌握者是舜，舜就对鲧进行了处罚。至于处罚的结果，其实有两种说法：一种是舜在羽山杀死了鲧，另一种是把鲧流放到了羽山。羽山在今天的江苏省连云港市东海县。晋朝王嘉的《拾遗记》中说，晋朝时，羽山上还建有鲧的庙宇。四时祭祀时，还常常会出现黑鱼与蛟龙跃出水面的奇观，往往把参观的人吓得够呛。夏朝的皇室夏后氏以鱼龙作为图腾，这说明羽山当地确实保留了夏后氏的图腾文化遗存。由此可见，鲧的流放地确实在这里。

《山海经寰宇全图·南山经第一》之羽山,赵越绘,明代

《山海经·南山经》云:"又东三百五十里曰羽山。其下多水,其上多雨,无草木,多蝮虫。"

再向东走三百五十里的地方叫羽山。山下多河流,山上多雨水,山中没有草木,有很多蝮蛇。

考古学上一般认为,山西省襄汾县的陶寺遗址对应的是唐尧时期的都城,所以唐尧朝的政治文化中心区就应该位于山西南部到河南西部这一带。由此可见,羽山的位置对于当时的华夏集团而言,真的是相当偏远,这里完全符合流放地的特征。因此,两种说法中,我倾向于后者,即鲧失权失势,最终老死在流放地羽山。舜若真有意杀死鲧，何必非要把他押到羽山再动手？更何况，舜处罚鲧之后，还要立刻启用人家的儿子。父亲渎职，我只判个流放，你做儿子的还不得感恩戴德，全力效命吗？显然，这才更像是一个权谋家眼中的人情世故。

随着鲧被流放到羽山，远离了权力中心，治水的第一阶段就宣告结束了，筑堤堵漏的治水方针也被否定。治水进入第二阶段，也就是我们熟悉的大禹治水。

治水第二阶段的代表人物是禹和伯益，这个时候，国家的君主已经从尧正式变成了舜，而禹是鲧的儿子。先讲一下关于禹名字的一些常识。首先，禹的本名叫文命，禹是他在夏朝建立以后的名字，后来他凭借治水之功，被封为伯爵，封地在夏，也就是今天的河南省禹州市。因此，后来他建立的朝代叫夏朝，他的封地叫了禹州。另外，一说起禹，其实大部分人都管他叫大禹，因为都是说大禹治水嘛。为什么叫大禹呢？第一，宋朝以后，汉语双声化趋势明显，即词都是两个字的，文命这个本名我们都忘得差不多了，禹只有一个字，又不好念。先秦文献中，多数情况就叫他一个字——禹。需要叫两个字的时候叫夏禹，意思是夏朝的禹。那为什么又叫大禹呢？还是因为他的治水之功太大了。孟子曰："充实而有光辉之谓大，大而化之之谓圣。"比大再进一步那就成圣人了，叫他大禹，是说这人伟大得仅次于圣人了。

说完了禹的名字，我们再来看看禹的人生。先从降生开始，禹的降生有两个版本的神话故事，一个出自《吴越春秋·越王无余外传》，说鲧娶了有莘（xīn）氏的一个叫女嬉的女人。这位女嬉堪称一位美食家，她在砥山吃薏米，也就是薏仁，感受到薏仁的精微，然后就怀孕了。另外，她生产的方式也极为独特，她不是顺产，也不是剖宫产，而是"剖肋产"，也就是切开腋下，从腋窝里将禹生出来的。

> 鲧娶于有莘氏之女，名曰女嬉。年壮未孳。嬉于砥山得薏苡而吞之，意若为人所感，因而妊孕，剖胁而产高密。
>
> ——《吴越春秋·越王无余外传》

感生神话堪称古代版的超现实主义文学，女嬉生禹这个故事虽然俗套，但是内容颇具创意。另外一个禹的降生神话出自《山海经·海内经》，说禹是鲧的遗腹子，但这个遗腹子和我们熟悉的那种遗腹子完全不一样，他是遗留在父亲肚子里的孩子。据说，鲧死以后，禹是剖开了鲧的腋窝生出来的。

> 帝令祝融杀鲧于羽郊。鲧复生禹。
>
> ——《山海经·海内经》

相比之下，我认为《山海经》这版更贴近彼时的思想，因为男人生孩子表现的其实是典型的父权文化。

禹长大以后，父亲鲧就被流放了。关于鲧为什么被流放，在鲧禹治水这个传说的背景下，在洪水滔天的这个话题里，答案肯定是治水失败。但我认为，历史的深层逻辑其实并非如此，至于是什么，此处先按下不表。总之，鲧被流放，年轻的禹实际上身处政治漩涡之中。他做了什么，我们不清楚，但最终的结果是，他以一个罪臣之子的身份获得了舜的信任，拿回了父亲的权力，也继承了父亲未竟的事业。

禹治水的故事我们都很熟悉，他总结父亲失败的经验，认为筑堤堵漏的治水

大禹治水图轴，佚名，唐代

方针对小洪水有用，对大洪水无用，所以他主动设立泄洪区，挖开堤坝泄洪，用了整整十三年时间，最终成功治理了水患，其间还留下了"三过家门而不入"的佳话。不过这段千古佳话是不是真实的历史，犹未可知。因为《史记·夏本纪》只说禹"过家门不敢入"，而"三"这个数字是《孟子·滕文公上》里说的。总之，大禹治水的故事，《山海经·海内经》《史记·夏本纪》《尚书·虞书》《汉书·武帝纪》《庄子·杂篇》《孟子·滕文公上》以及《华阳国志·巴志》都有记载。因为太过经典，此处不再赘述。

　　治水第二阶段的代表人物除了禹，还有他的助手伯益。如果说禹相当于水利部部长，那么伯益就是副部长。伯益也叫益，《尚书》称之为伯益，《史记·秦本纪》还叫他大费。伯益的身世比较离奇。黄帝次子昌意的儿子是"五帝"之一的颛顼，颛顼有个孙女叫女脩。某日，她正在织布，天空中忽然出现了一只玄鸟，玄鸟指的可能是燕子。玄鸟飞过时掉了一枚卵，女脩赶紧捡起来就吃了，接着就生了一个孩子，取名叫大业。后来，大业娶了少典国的一个叫女华的女子为妻，生下了伯益。也就是说，伯益其人的父族是不明的，而他可追溯的始祖同样是黄帝次子昌意一支。那么，伯益是昌意的外来孙、颛顼的外玄孙，而禹是昌意的曾孙、颛顼的孙子，所以伯益比禹小两辈。另外，伯益有两个儿子，长子大廉、次子若木。长子大廉这一支，大廉的玄孙中衍在商王太戊当政时，被封为诸侯，他就是秦始皇的先祖。而中衍被分封的国家就是"战国七雄"中的秦国。因此，伯益的父亲大业就是秦朝皇族嬴姓的始祖，伯益就是嬴姓的先祖。

飞廉，敦煌莫高窟第285窟

伯益的后代中衍的玄孙中潏（yù）生下了蜚廉，蜚廉是中国古代神话中一个半人半仙的人物，因为传说会飞，所以又称飞廉。根据《史记·秦本纪》的记载："恶来有力，蜚廉善走。"恶来是飞廉的儿子，父子二人共同辅佐殷纣王。所谓"恶来有力"，自然是说他力大无穷，而"蜚廉善走"，是说他为纣王充当信使时总能够及时地将消息传递出去。传说中蜚廉所谓的"能飞",就是由历史上的"善走"夸张出来的。蜚廉生有二子,除"有力"的恶来外,还有一个儿子叫季胜。后来,季胜的曾孙造父一支创建了"战国七雄"中的赵国,造父是赵氏的始祖。而蜚廉的六世孙非子一支则创建了秦国,非子是秦的始祖。所以,赵国、秦国的历代国君都是伯益的后代。

大禹和伯益继承了鲧的遗志继续治水。千百年来,中国人都知道大禹治水的传说,但大禹究竟治的是哪里的水,估计大部分人都没有想过。在历史上,关于大禹治水的发生地大体有四种假说,分别是黄河中下游说、吴越说、汾河说和河洛说。我个人认为,其中可信度最高的是河洛说,也就是发生在今天河南省洛阳市一带的河洛平原、河洛盆地。首先,我们只说这一种说法为什么合理,至于另外的三种说法,后面讲到大洪水成因的时候,也会稍微涉及一些。

那么,我还是先讲河洛说。历史上,首位专门研究大禹治水发生地并且提出发生地在河洛的学者是南宋经学家赵汝谈(字履常,宋太宗八世孙)。《宋史·列传·卷一百七十二》中关于赵汝谈的部分就提到,赵汝谈认为禹的功劳只是造福于河洛地区的。钱穆先生在《周初地理考》中也重提了赵汝谈的这一观点,钱穆先生明确指出大禹治水的发生地就在伊阙和砥

（dǐ）柱之间：伊阙就是今天河南省洛阳市南的龙门，也就是龙门石窟那个地方。厎柱是厎柱山，就是原来河南省三门峡市的三门山，古代叫砥柱山。这座山不大，从前河水很宽，从山的两侧流过，等于是山立在河流中间，把河分开了，成语中流砥柱说的就是这里。20世纪50年代修建三门峡水库后，砥柱山的大部分就被淹没在水线之下了。

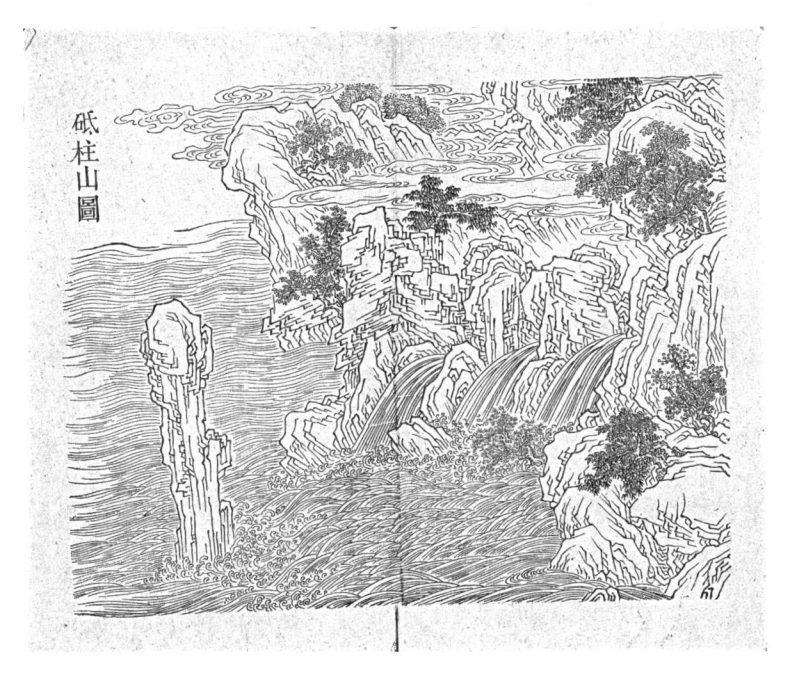

天下名山图·砥柱山，佚名，清代

天下名山图·龙门山，佚名，清代

古代文献里，能够佐证大禹治水发生地在河洛的记载非常多，比如《汉书·沟洫志》就说，从前大禹治水的时候，如果遇到山阻挡水势，就把山毁掉。所以他凿开了龙门，开辟了伊阙，拆掉了厎柱，破坏了碣石。龙门、伊阙、厎柱、碣石都是古山名。这是明确指出大禹治水开挖了河洛地区山体的文献记载。而间接表述的情况更多、也更早，比如先秦时，《墨子·兼爱》中就说从前大禹治理天下，令河流在厎柱分散，把龙门山凿开。再比如《左传·昭公元年》记载，刘定公在洛汭慨叹禹的功绩。另外,郦道元的《水经注》注伊水条时明确指出,当年大禹疏通龙门,使龙门通水,从此两山相望,看起来像是阙。因为伊水穿过其间,所以才称伊阙。伊水就是今天的伊河,我们去龙门石窟参观,两边是山,中间的那条河就是伊河。郦道元认为伊阙名称的由来就是大禹治水时疏浚龙门,打开了龙门的"缺口",使得龙门左右的两座山隔河相望,两岸的山势恍若门阙。根据这些文献记载可知,从先秦到南北朝,古人普遍认为河洛地区,准确地说是河洛地区中心的伊阙是大禹治水的发生地。而大禹通过"凿龙门"的方式来泄洪,也完全符合《史记·夏本纪》的记载。

楼阁双阙画像石,东汉

画面两边的建筑就是阙。这组画像石中的建筑为一楼双阙,画面中的人在楼上端坐,楼下一人启门。楼外阙下有神态各异的侍者,楼顶空中有飞鸟和猴子。

那么，既然找到了大禹治水的发生地，我们不禁会再问一个为什么——为什么唐虞之际，洪水会成为那个时代的主题？为什么江水年年东去，唯有彼时滔天？要想回答这些问题，我们就需要超越大禹所处的河洛地区，从地球的地质变迁来寻找唐虞之际大洪水的成因了。对神话传说感兴趣的朋友肯定都知道，如果我们的目光不只局限于中国，放眼全球，许多古代文明也拥有以洪荒时代大洪水为背景的神话传说，除了大家比较熟悉的欧洲的诺亚方舟的故事和沉没的亚特兰蒂斯的故事之外，古巴比伦文明、苏美尔文明，以及玛雅文明，也都有各自的大洪水传说。据说，全世界已知的大洪水传说有六百多则。于是就有人想到了这样一种可能性：会不会在地球的历史中，真的存在一个大洪水时代？当年，全球洪灾泛滥，而全球的早期人类文明又恰巧都处于萌芽阶段，会不会这才使得相同的洪水记忆以各具特色的神话的形式保存下来了呢？

我认为，泛泛地去求证全球各地的大洪水神话，来证实同一个大洪水时代的存在，是比较困难的。因为神话不同于历史记载，很难确定每个神话记录的准确时间。不过，从地球地质的变迁中，我们的确可以找到一些大洪水时代存在的证据。现代科学研究发现，冰川时代末期，随着气候变暖，冰川融化，地球曾经出现过世界性的大海侵。海侵就是海平面上升，侵占陆地。在距今七千年到五千年之间，海侵现象达到顶峰。当时中国东部的海岸线比现在的海岸线要靠西得多。从南到北，比如，浙江省绍兴市，江苏省苏州市，安徽省芜湖市，山东省潍坊市、淄博市、济南市、德州市这些如今的内陆城市，当时都是海滨城市。而像广东省广州市，浙江省宁波市，上海市，江苏省南通市、盐城市、连云港市，乃至整个山东半岛，一直到河北省的沧州市，还有天津市，等等，这些如今临海、近海，或者都算不上近海的城市，当年根本就是一片汪洋。

禹王治水图卷，赵伯驹绘，宋代

今天我们去阅读中国最早的一批地理书，比如《山海经》和《尚书·禹贡》，文中记载了很多海岛，海岛上又生活着各种岛夷。"夷"是对居住在东方的华夏以外的别族的蔑称，岛夷就是居住在东方海岛上的别族。例如《山海经·海内南经》中就有这样两个岛国和岛夷："瓯居海中。闽在海中，其西北有山。一曰闽中山在海中。"文中称瓯和闽是两个海岛，其中闽这座海岛的西北方有山，也就是说，这座岛西北高、东南低。熟悉秦汉史的朋友肯定不陌生，瓯在历史上指的就是东瓯国，闽指的就是闽越国。但东瓯国在今天浙江省温州市一带，闽越国是百越的一支，在今天的福建省，而今天的浙江省和福建省明明都在大陆上，只是沿海而已。如果不了解地球海侵的地质历史，就无法理解《山海经·海内南经》记载的正确性。在《山海经》成书的唐虞之际，也就是大禹所在的那个时代，东瓯国和闽越国的确还是岛国，他们的国民当然也就是岛夷。同样是《山海经·海内南经》，记录了闽越国的西边还有一座山叫三天子鄣山，这座山就是安徽省黄山市歙县东部的三王子山。但《山海经·海内南经》记载它同样也位于海中。这说明不只是东南沿海的浙江省，在福建省的很多地区，甚至是安徽省黄山市歙县一带，唐虞之际也曾是汪洋大海。

孟子曾解释过唐虞之际伊洛河流域暴发空前绝后的大洪水的原因。《孟子·滕文公下》云："当尧之时，水逆行，泛滥于中国,蛇龙居之,民无所定。"指的是尧在位的时候,洪水逆流而上,泛滥于中国。这里的"中国"指的当然不是今天的中国,而是"中国"一词的本义,即居天下之中的国家,也就是西周时期,周公营建的王城洛邑,就在今天的洛阳市。洛阳正是伊洛河流域、河洛平原的中心,也就是我在本书中认定的大禹治水的发生地。而这句话的关键在于"水逆行"这三个字。水往低处流是物理常识,如果"水逆行"不是文学上的夸张手法,那它所表述的其实就是海侵发生时海水倒灌内河的自然现象。也就是说,海侵发生时,当年的山东半岛,即今天黄河的下游大多处于海平面以下,海水倒灌黄河,本来就在不断抬高黄河水系的水位,再赶上上游夏季降雨的洪峰效应,二者相互叠加,就导致作为黄河支流的伊洛河流域的洪水常年泛滥。这就是孟子所说的"水逆行,泛滥于中国",就是大禹治水的历史背景和大洪水时代的真正成因。

了解了鲧禹治水的人物,找到了治水的发生地,再归结了大洪水时代的成因,洪水滔天这个话题的史实部分就算讲完了。接下来,我们将这些史实投射到整个中国的古代历史中,看一看这个时代当中,那些英雄们勇敢而理性的抗争与洪水造成的地质变迁将分别给后世的中国带来怎样深刻的变革。

大禹治水,治的是伊河的水患。伊河是洛河的一级支流,黄河的二级支流。但这条河从古至今都不是一条自然意义上的大河。按理说，这样一条小河不值得大禹大费周章地凿龙门、开伊阙。而成功治理一条小河的水患，恐怕也无法左右华夏民族的历史，使大禹个人的功绩传之千秋。

那么，为什么历史给予了这条小河的治水英雄以无上荣耀呢？大禹治水的意义仍然要从它的发生地伊河说起。不论从流域面积还是河水流量等这些地理意义的数值上看，伊河的确是一条小河。但是，它和洛河组成的伊洛河却是一条文化上的大河。我们总说华夏文明的母亲河是黄河，其实更准确地讲，应该是伊洛河。世界四大文明古国都是傍水而居的，古埃及有尼罗河，古印度有恒河，古巴比伦有底格里斯河和幼发拉底河。其实从太古时期一直到周公营建洛邑这一段时间，华夏民族的文化中心区也在我们的"两河流域"，这"两河"就是伊河和洛河。"河出图，洛出书。"自伏羲氏时代起，洛水之滨便成了华夏文明重要的发祥地和文化核心区。

端石洛书砚，宋代

这件端石砚由天然子石略加修饰而成，淡紫泛白，砚面平整微洼，砚首作半月形斜凹为墨池，墨池约占砚面三分之一，墨池中央浮雕一龟背驮书形，首向上仰，右上方有一石眼，呈黄碧色，周缘衬以云霞。砚背浅凹刻人物四五个，似在咏诗欢唱。砚右方侧面有乾隆御题铭乙首，楷书，云："灵龟负书，出于洛水，洪范九畴，实肇乎此如日丽天，信有斯理，何人刻背，乃作苏子月小山高后游而已，拟以不伦，吾思其旨，或者雪堂曾弄书几，自写其真，与砚为友，疑东坡言如是如是。"款题为"乾隆御题"，钤印一方，为"太璞"。

我们看汉字"洛"字的构形，左边的三点水是形旁，右边的"各"是声旁，汉字中，以"各"为声旁的字大多都有十字相交的字义，比如"络"是丝线相交，"路"是足迹相交，"洛"就是河流相交。洛河之所以被称为"洛"，恰恰是因为伊河、洛河相交。伊河、洛河相交的位置无非是洛河的一个点，但当时的人缘何以一个点的特征命名整条河流？原因很简单：这个点是河流的命名者站在主观视角上所看到的这条河流最直观的特征。现在我们知道，大禹治理的水患就在伊洛河，就在龙门石窟到伊阙这一段。这一段是山地丘陵，地势陡、水流相对急，而伊河的洪峰通过这段之后，马上就要进入伊洛相交的伊洛平原、洛阳盆地了。伊河、洛河相交的地方正是当年华夏文明的文化核心区。因此，大禹治水的功劳之所以这么大，是因为他当年所做的一切，使刚刚萌芽的华夏文明得以保存，薪火相传到如今。他于华夏民族有再造之功，堪称中国历史上空前绝后的救世主。如果当年他失败了，那今天的中国可能就不是如今这样了。

大禹治水，是初生的华夏文明与大自然展开的一次伟大抗争，也是华夏文明的背水一战。如果我们以宏观的视角看待那段地球地质史上非常态的海侵现象，也会发现它的高峰与消退，其实给后来的华夏文明带来了潜移默化但深刻的影响。比如，之前我讲到的华夏与东夷的抗争，东夷集团从五帝时期的少昊金天氏开始到商周之际的快速崛起，是这一时期内影响华夏文明和中国历史的最大外部因素，而它的崛起恰恰依赖于海侵现象的衰退。再比如，从秦汉开始至晚清，甚至到近代，中国一直是非常典型的大陆国家，中国所创造的古代文明也是相当典型的大陆文明。这个时间段内，中国的海洋文化是匮乏的。但是，如果我们读《山海经》，特别是读《海经》部分，我们就会发现，在太古到先秦这段时期，多源流的华夏文明在早期形成和演化的过程中，是不缺乏海洋文化的，到了秦汉以后，海洋文化对我们的影响才变得微不足道了。这正是因为像《山海经·海内南经》所记载的东瓯、闽越、三天子鄣山这样的岛被自然变成了大陆的一部分。而岛上的原住民、古人所说的岛夷，当他们以刀耕火种、渔猎生产的姿态直面束发右衽、农耕畜牧的华夏文明时，其海洋文化在交汇、碰撞的过程中被迅速瓦解、同化了。他们没能获得一个相对独立的发展空间去孕育自身的海洋文明，华夏文明也丧失了在中古时期与海洋文明相互影响、相互成就的历史机遇。到晚清时，华夏文明才以封建集权、小农生产的姿态去直面海洋文明的民主法治以及大机器生产的发展模式。所以，近代华夷之争中，中国的落败在最根源上不是受明清时期闭关锁国的影响，而是秦汉以来，我们一直就缺乏对话海洋的机遇。

6. 羲和浴日与尧历

《千字文》开篇第一句话："天地玄元，宇宙洪荒。"（天是青黑色的，地是黄色的，宇宙形成于混沌蒙昧的状态中。）"宇宙"这个词我们不陌生，但如果拆开问，"宇"和"宙"分别是什么意思，可能很多朋友会一愣。文子曰："往古来今谓之宙，四方上下谓之宇。"四方上下，就是东、西、南、北、上和下，这是方向，它代表的是空间无限大。古往今来代表着时间无限长。所以这么看，"宇宙"这个词的本义的确相当有深度，具有极强的哲学色彩。它并非某一具象的客观事物，不是地球之外的太空空间，而是时间与空间概念的组合。

满达,又名坛城、曼陀罗,它象征着佛教的宇宙世界。这件满达坛面外围饰四件镶嵌松石的十字金刚杵纹,坛面中央为一须弥山,环绕一方型台,台与山皆嵌满切割整齐、色泽均匀之松绿石。边缘再绕以银镀金或嵌松石之连珠纹。周壁饰满卷叶纹,并有嵌松石之八吉祥图案。

银镀金镶松石满达,清代

本节要讲的是,帝尧在位和帝舜在位的唐虞时代,中央政府组织进行的两次科学考察活动,以及这两次活动如何使抽象的宇宙、抽象的时间和空间概念落到实处,它们又对当时及后世的中国产生了怎样的影响。首先是唐尧时期,由所谓的羲氏、和氏四兄弟主持的历法制定工程。

历法是根据日月星辰的周期性变化特征人为制定的、指导日常生产生活的时间计算法则。这样一个概念比较抽象,但如果结合具体的历法去理解就很容易了。常见的历法无非两种:太阳历和月亮历。太阳历参照的是太阳在不同季节的位置变化,比如现行公历就是太阳历。月亮历参照的是月相变化,比如传统的农历,也就是阴历,它就是月亮历。

宇宙中的天体天然在运动，而它们的运动又天然具有规律。但是，研究天体运动规律的历法显然不是天然就有的，它的出现一定要满足要求。第一，要有制定历法的需求。农民清明忙种麦，谷雨种大田，立秋忙打垫，处暑动刀镰……在农民的时间观念中，节气的概念很重。这说明什么呢？说明历法的制定需要有具体的需求，而且这种需求必须足够迫切。任何历法的制定和改良一定是以满足人类的生产生活需求为目标的。

第二，历法的制定更依赖于基础的天文观测能力和对自然气候规律的基本认知。制定者还要具备一定的数学水平，才能安置闰月以及日食月食，能够计算行星位置，等等。这些对基本素质的要求，注定了原始人即使再努力，需求再迫切，他们也制定不出历法来。

随着文明的发展，国家建立以后，历法是不是就可以有了呢？应该讲，的确可以有了，但也不可能立刻就有。《汉书·律历志》里，中国最早的历法有"古六历"之说，其中有黄帝历、颛顼历等。喜欢历史的朋友可能对颛顼历还耳熟一些，颛顼历以十月一日为岁首，是秦朝施行的历法，到汉武帝时期颁布太初历时废止，官方通行共一百一十七年。这种历法显然并非真是颛顼时期制定的，否则颛顼到秦国将近两千年的时间中，秦地都在沿用一套历法，这就太说不过去了。因此，颛顼历只是假托了颛顼之名，并不是颛顼时期制定的。同理，黄帝历就更不可能是黄帝时期制定的。那么，《汉书·律历志》所说的古六历，就只剩下后四个：夏历、殷历、周历和鲁历。而《夏小正》里详细记录了夏历，所以夏历是迄今已知最早的、被全面记录的中国历法。因此，中国历法制定的原点一定早于夏朝。

那么，它具体始于何时呢？

中国古代历法的制定始于唐尧时期，根据《尚书·尧典》的记载，帝尧曾经派遣羲仲、羲叔、和仲、和叔这四兄弟前往东、南、西、北四个方向观测天象，制定历法。

这四兄弟中，羲仲长期定居在东方的汤谷，观测记录日出的时间。汤谷的准确位置难于考证，但大体位于当时东部的沿海地区，属于东夷集团的势力范围。《山海经》中有很多与历法制定有关的神话，其中提到了甘水、甘山、甘渊，当然还有汤谷，甘水、甘山和甘渊都在今天的山东省日照市一带，因此我认为汤谷大概也在这周边。总之，在汤谷这个地方，羲仲经过长期观测，找到了一年中昼夜等长、且南方的朱雀星宿在黄昏时会出现在天空正南方的一个时间节点，这个节点就是春分日。他由此总结出一个自然规律：春分过后，人将开始分散农耕，同时鸟兽进入交配季。

四兄弟中的第二人羲叔，长期定居在南方的交趾国。交趾国就是《山海经》中的交胫国。汉武帝灭百越时建立了一个交

第四章 从黄帝到禹：君主时代到来了

先春报喜轴，
刘世儒绘，明代

在历法的制定中，除了天体运行的规律以外，物候也是一个重要的参照指标。比如，喜鹊鸣叫象征着春天的到来，民间称之为"喜鹊报春"，这就是春天的物候参照。

趾郡，治所就在今天越南的河内市。为什么叫"交趾"呢？有一种说法是当时交趾国人的脚趾交叉变形。交趾国基本是当时中国陆路可达的最南端了，所以羲叔被派到这里观测太阳向南运行的情况，并且迎接太阳从南向北再运动回来。这实际上就是去北回归线以南记录太阳的回归运动去了。羲叔在这里也找到了一个特殊的时间节点，这个时间节点昼最长、夜最短，且东方苍龙七宿中的火星会在黄昏时出现在正南方，这一天就是夏至日。他发现，夏至日后，人为了躲避洪涝灾害要居住在高处，鸟兽的羽毛、皮毛开始变得稀疏了。

盛夏的青山重峦叠嶂，苍松林立，曲涧迤逦，房舍隐现。画家以长披麻皴绘出山，表现南方松软的土质，又以重墨渍染林木与点苔，以彰显夏日草木蓊郁，万物滋长的生气。

夏山欲雨图（仿），董源绘，五代

四兄弟中的第三人和仲长期定居在西方的昧谷，观测每天的日落时间。昧谷的具体方位也不可考。他同样找到一个特殊的时间节点，这一天昼夜等长，且北方玄武七宿中的虚星会在黄昏时出现在天的正南方，这个时间节点就是秋分日。他发现，秋分过后，人又回到平地居住，鸟兽开始换新毛了。

最后，四兄弟中的第四人和叔长期定居在北方的幽都，"幽"就是幽州的中心，幽冥之都。大家不要把幽冥之都理解为鬼都，这并不是说这个地方闹鬼，而是这里巫术盛行，人们崇拜鬼。《山海经》中有个幽都之山，大体位置就在今天北京市昌平区西北的南口镇这一带。总之，和叔定居在北京昌平，观察太阳向北运行的情况。他找到了最后一个时间节点，这一天昼最短、夜最长，且西方白虎七宿中的昴星在黄昏时会出现在正南方，这个时间节点就是冬至日。这时起，人们要为了避寒而躲在屋里，鸟兽也要长出最柔软的细毛了。

《尚书·尧典》的记载试图说明羲氏、和氏四兄弟通过对太阳的自然观测，找到了太阳直射点周年运动的两分两至点，也是后来二十四节气概念的四个基本点。如果这一发现的确出现在唐尧时期，那是相当伟大的。不过有一点至少可以肯定，那就是帝尧在位时期，以天象观测作为基础、以物候变化的特征作为参照的中国第一套历法确实出现过。可遗憾的是，这套历法的细节并没有被《尚书·尧典》记录下来，《史记·五帝本纪》也没有相关记载。

峨嵋雪图，谢时臣绘，明代

天下四大景之峨眉雪，这是冬天独有的奇景。

那么，由羲氏、和氏四兄弟制定的这套历法，我们姑且称之为尧历，也就是中国伊始的第一套历法，它大体会有怎样的特征，我们能不能通过其他方式去了解它的特点呢？虽然尧历的具体细节，《尚书》《史记》都没有记载，但如果从神话的角度去看，反倒可以窥见尧历的基本框架，而且能够找到它在后世流变的线索。

《山海经·大荒南经》中有一个重要的古代神话，名叫羲和浴日。原文说："东南海之外，甘水之间，有羲和之国。有女子名曰羲和，方日浴于甘渊。羲和者，帝俊之妻，生十日。"在东海之外，甘水之间，有个国家叫羲和国。羲和国中有个女人叫羲和，她正在一个叫甘渊的湖里给太阳洗澡。羲和是帝俊的妻子，她生下了十个太阳。

羲和浴日经常被理解为后羿射日的前传,同《山海经·大荒西经》里的另一个神话——常羲浴月异曲同工。人们认为二者隐喻的是天干地支的由来。常羲浴月的故事说的是帝俊的另一个妻子,名为常羲,她生了十二个月亮,并且给月亮洗澡。

> 有女子方浴月。帝俊妻常羲,生月十有二,此始浴之。
> ——《山海经·大荒西经》

羲和与常羲,一个是中国古代的太阳神,一个是月亮神。

我认为,常羲浴月和羲和浴日反映的是先秦时期两套截然不同的历法体系。浴月的常羲洗的十二个月亮,对应的是一年分十二月的月亮历,也就是古阴历。根据月相的变化,阴历的一年一定会被划分为十二个月,神话中的十二个月亮就是历法中的十二个月。十二个月亮确实比较容易理解,但十个太阳似乎就不好理解了。浴日的羲和所洗的十个太阳,它所隐喻的同样是一种历法,这种历法早就已经废止不用了,所以别说现代人,哪怕是汉代以后的古人,听到十这个数字,恐怕也只会联想到十进制的基数,而不会想到历法。这种古历法正是将太阳在一年中的回归运动划成了十等份。因此,它是一套以太阳为

230

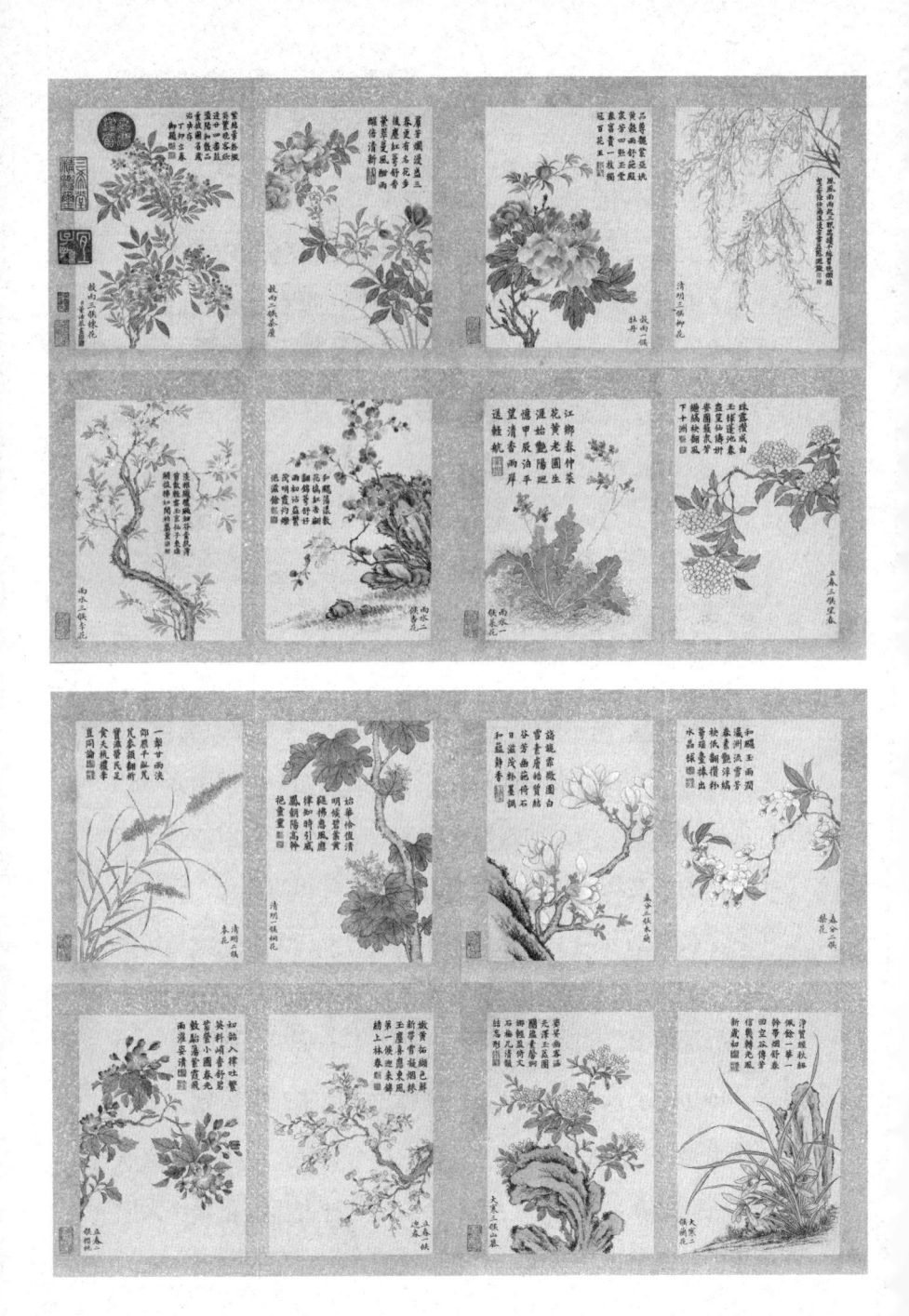

二十四番花信风图，董诰绘，清代

所谓花信风，是中国节气用语，就是应花期而来的风。程大昌《演繁露》云："三月花开时，风名花信风。"《荆楚岁时说》又云："始梅花，终楝花，凡二十四番花信风。"根据农历节气，从小寒到谷雨，共八气，一百二十日。每气十五天，一气又分三候，每五天一候，八气共二十四候，每候应一种花。顺序为：小寒：一候梅花、二候山茶、三候水仙；大寒：一候瑞香、二候兰花、三候山矾；立春：一候迎春、二候樱桃、三候望春；雨水：一候菜花、二候杏花、三候李花；惊蛰：一候桃花、二候棣棠、三候蔷薇；春分：一候海棠、二候梨花、三候木兰；清明：一候桐花、二候麦花、三候柳花；谷雨：一候牡丹、二候荼蘼、三候楝花。

观测对象的太阳历，也就是古阳历，它把一年划分为十个月。羲和浴日这个神话所隐喻的历法，恰恰是这个历法，也就是传说中的尧历、羲和历。为什么此处我们说羲和浴日的神话所隐喻的正是创建尧历的历史呢？

《尚书·尧典》和《史记·五帝本纪》中尧历的创建人是羲仲、羲叔、和仲、和叔四个人。而我们知道，伯、仲、叔、季是古代，特别是西周以后流行的兄弟排行名。这些字作为人名，其本身除了标记兄弟排行顺序之外，没有任何意义。这样说来，羲仲、羲叔就是羲老二、羲老三，和仲、和叔就是和老二、和老三。这样看，这四个人的身份就非常可疑了。首先，西周以前用伯、仲、叔、季的兄弟排行名来命名的现象是比较少见的；再者，在"三皇五帝"时代，历史或传说记载的每一个人都是贵族，这些贵族的身份或有先祖可查，或有后代可考，但这四位兄弟来无影去无踪，既没顾上留后代，也没有后世的草莽找他们攀亲戚，难道他们真的如此专注，一生只做一件事吗？

我认为这四个人名字、身世的真实性根本就说不通。为什么说不通呢？因为帝尧时期根本就没有羲仲、羲叔、和仲、和叔，这四个人只是春秋战国以后的人为了附会东、南、西、北这四个方向而杜撰出来的。尧历真实的创立者就是神话中的羲和，后人只是将羲和的名字拆成了羲字与和字作为两个姓，又按伯、仲、叔、季的排行化名为四人。

那再进一步，《尚书·尧典》的作者为什么要杜撰出四个根本不存在的人来抢夺羲和所创建的历法，抹杀羲和的历史功绩呢？

要想回答这个问题，就要回到之前五帝时期的第一个话题——"华夏与东夷的关系"中去找答案了。羲和是谁呢？她是帝俊之妻。帝俊又是谁呢？一般认为，《山海经》中的帝俊指的就是帝尧陶唐氏。羲和是羲和氏女，而羲和国是东方的一个城邦制小国。

山东省日照市岚山区高兴镇有一座龙山文化的古城遗址，叫尧王城遗址。这座城市遗址在1934年被发现，它当然不可能是尧的王城了，尧的王城在山西省襄汾县的陶寺村。但无奈群众的力量大，因为当地老百姓始终称之为尧王城，所以考古学界尽管不认同也没办法，只能跟着叫下去了。尧王城遗址东西长约630米，南北长约825米，总面积大约有52万平方米。52万平方米是什么概念呢？跟现在大型的住宅小区差不多大。当然，人口不可能像现代小区那么多，毕竟这52万平方米上盖的都是平房，所以住不了那么多人。这样的城市规模虽然跟真正的王城比不了，但在先商的史前时代已经非常出色了。地域性国家在经济上的发展得益于臣服自己的小方国，它的经济总量有很大一部分是自身政治影响力的转化，所以它的经济总量大，能支撑的王国规模自然也就更大。但小方国就不一样了，小方国只能依靠自身的经济发展去支撑自己的城市规模。

为什么尧王城能有这样的城市规模呢？当然是因为它自身的经济搞得好。尧王城遗址发现了炭化水稻的颗粒，这也是龙山文化时期人工栽培水稻的唯一实物证据。我们知道，龙山文化是黄河流域的文化类型，而水稻是长江流域及以南地区最主要的粮食作物。水稻的亩产量更高，但水稻在北方种植的难度很大。尧王城遗址的这个小方国能在这里推广水稻种植，说明它的科技文化发展水平非常高。而且不止农业领先，手工业也不差。尧王城遗址出土过青铜冶炼的铜渣，这说明它们在先商时代已经进入了青铜文明。

神话中的羲和国，很可能就是日照市的这座尧王城遗址所在的城邦制小国，因为这里有太阳崇拜的文化现象。《山海经·海外东经》有云："汤谷上有扶桑，十日所浴。"羲和给十个太阳洗澡的具体地方，就在汤谷。而汤谷就在日照市的天台山，天台山又称扶桑山，就在尧王城遗址以南几千米的地方。

金乌画像石，汉代

金乌或三足乌被视为太阳鸟，是典型的太古太阳崇拜的文化遗存。

因此，如果《山海经》中的帝俊就是帝尧陶唐氏，那么尧娶了羲和氏女，这套所谓的尧历，也就是羲和历，就应该是羲和氏女从东夷的羲和国带入到中原华夏的。而历法在当时而言绝对是划时代的尖端科学体系，它象征着高度发达的史前农耕文明，是文明优越性的集大成者，可这样一个东西偏偏不是华夏民族自己发明的，居然是一个舶来品。并且，它既不是通过战争用强力缴获的，也不是通过贸易用高价买来的，而是通过和亲娶回来的。我们知道，以汉族作为主体民族书写的历史特别喜欢强调文成公主和亲一类的历史事件，那么反之，当以先进自居的华夏人反被夷狄"送文化下乡"，得多羞耻。这样的历史于当世或许本没有那么不堪，因为在唐尧时代，华夏与东夷的政治撕裂度尚且不高，这两大政治集团的合作大于对抗，所以尧才能成为实至名归的天下共主，何况尧本人也出自黄帝长子少昊一支。但是，以华夏正统自居的后世王朝自然难于容忍这样的"黑历史"传至后世。因此，中国历史上真正建立历法的羲和氏被彻底分解，沦为《尚书·尧典》中杜撰出来的，在尧亲自主持之下主导建立历法的羲氏、和氏四兄弟。要知道，《尚书》是五经之一，它是后世儒家社会的思想指导标准。《山海经》这样怪诞的巫书在"子不语怪力乱神"的标准下本就被儒家社会所排斥，加之其神话的表述太过隐晦，才使真实的历史以神话的形式逃脱了儒家政治文化的绞杀。

　　尧历也好，羲和历也罢，历法的建立过程我们基本了解了。但是我们凭什么说神话里羲和洗了十个太阳，尧历就要把一年分为十个月呢？

　　解释这个问题之前，需要先以最简单的方式证实一个重要的参照物，那就是上一节提到过的《汉书·律历志》所记载的古六历中实存的第一个历法——夏历。夏历载于《汉书》，细节主要见于《大戴礼记》的第四十七篇《夏小正》。文中说，夏历五月份中有一天叫养日，十月份中有一天叫养夜。养日又叫永日，这一天在一年之中昼最长、夜最短；养夜又叫永夜，这一天在一年中昼最短、夜最长。很明显，它们分别是现在所说的夏至日和冬至日。但是，这里有一个问题：一年中，夏至日在五月份，冬至日却在十月份，这意味着如果一年划分为十二个月，当年的夏至到当年的冬至只有五个月的时间，而当年的冬至到下一年的夏至却有七个月的时间。显然，太阳的回归运动不是加速运动。唯一的解释是：夏历一年只分十个月，而一个月有三十六天。只有这样，才能做到以夏至、冬至可平分全年。

另外，我还可以举一个贴近生活的实例。大家知道，中国最古老的传统节日之一端午节又叫天中节。但这一天正午时分的太阳在天中，才能叫天中节；这一天的太阳端正于午时，才能叫端午节。但是，天中节的太阳偏偏从来不在天中，端午日的太阳也从来不端午。那什么时候太阳天中又端午呢？这一天就是夏至日。出现这种名不符实现象的原因是什么呢？

原来，最初的天中节也好，端午节也

重午戏婴图轴，苏汉臣绘，北宋

罢，它来自端午日祭祀。而这个祭祀活动的日期本来就定在永日，也就是夏至日。如今的夏至日以十二月制的公历计算，在六月二十日至二十二日之间，而如果按十月制夏历，就刚好在五月初五前后。这是最初的端午日、天中日在十月制历中的时间。但后来，随着端午节、天中节的内容不断丰富，逐渐超越了端午日祭祀活动的原始宗教意义，在十二月制的新历法颁行以后，端午节、天中节便从夏至分化出来。汉代以来所形成的包粽子、划龙舟之类的新兴端午节活动被选定在旧历法中的五月初五，并且独立分化出来；而原来的夏至日、永日则成了二十四节气中的第十个，由节日变成了节气。这就是端午日为何叫端午却不端午，天中日为何叫天中但不天中的原因。这种称呼恰恰是历法颁行和兴替的文化遗存。

综合以上理由，我们有理由相信，作为十月制夏历的雏形，与之颁行时代相去不远的尧历或羲和历也一定是十月制的。

由此，中国的古代历法并不是一脉相承，至少是两脉相承的。我们今天的阴历承继的是神话常羲浴月所隐喻的十二月历，是月亮历。而中国最早的成熟历法，传说中的尧历至夏历一脉，已经淹没在了历史的长河中。那么，今天的我们为什么要在浩如烟海的史料中划出这一行，把它当作时代的重点呢？换句话说，已经被摒弃的尧历曾有什么存在的意义呢？

它的意义很简单,但很伟大。它的出现得益于大一统部落联盟国家的统治与初步建立的国家机器。因为无论具体主导这项工作的是华夏集团还是东夷集团,也无论制定历法的过程中,观测者是不是真的到达了东方的汤谷、西方的昧谷、南方的交趾以及北方的幽都,这项观测活动一定需要投入巨大的人力、财力。同时,历法的制定的确难于在一个小城邦中完成,因为多个观测地之间有着较大的地理空间跨度,那么这样的观测势必需要国家影响力的充分覆盖。这一切,当然是从前的部落或部落联盟所不具备的历史条件。

而再看它的颁行,极大地有益于指导华夏文明的农耕生产。我一直认为,如果把中国古人的全部理想和智慧凝练成四个字,那就是"天人合一"。如果把这个理想和智慧落到实处,那还是四个字,叫作"不违农时"。中国古代八千年的历史中,人们之所以迫切地想要界定时间,无非为了不违农时。而尧历恰恰包含了天象与物候两方面的特征。一套农耕文明的历法,本质上就是对农业生产的科学管理方法,它标志着粗放式的农耕生产从此走上科学化的道路。纵使这条路很漫长,但终于有了起点,一个由国家主导的起点。

7.《山海经》:祖先们的国土资源考察成果

在很多人的概念中,禹应该是那种最专注的人的代表,好像他一生只做一件事，毕其功于一役，那就是治水。其实不然，禹这个人太伟大了，我认为他堪称万古一帝，是太古先王中最实至名归的圣君。他一生做了三件大事，除了治水，另外两个的功劳哪一个也不比治水小。本节要说的就是他做的第二件大事，即由他和伯益主持的国土资源考察。这个事件在正史中其实是没有记载的，但有文献记载，所以事件具有很强的客观性。这个文献是什么呢？之前我们屡次提到过它，之后也不得不经常去使用它，它就是中国诞生最早的古籍之一、东亚神话之源——神鬼莫测的《山海经》。本节，我们就通过认识《山海经》这本书，反推《山海经》背后的历史事件。

《山海经》叫经，但它的"经"字既不同于《十三经》《道德经》《金刚经》等古代哲学或宗教流派中的"经"，也不同于《黄帝内经》《易筋经》《虎钤经》等传统行当、专业领域内的"经"。《山海经》不属于任何一个流派或任何一个具体的传统专业领域，所以按以上规律来说，它好像不应该被命名为"经"。从秦汉至明清，《山海经》都被视作一本小说。书中荒诞的神话形象和神话故事虽然为人津津乐道，但在"子不语怪力乱神"的儒家社会文化背景下，历代学者普遍最看重书中记载的丰富的历史地理信息。

刘知几（唐代史学家）：小说分十类，偏记、小录、逸事、琐言、郡书、家史、别传、杂记、地理书和都邑簿，《山海经》是地理书。

胡应麟（明代学者）：《山海经》是古今语怪之祖，是地理书，其文体类似于《穆天子传》。我判断这是战国时候富有猎奇心理的士人取材于《穆王传》，并参考《庄子》《列子》《离骚》《周书》和《晋乘》创作而成的。

> 诸家并以为（《山海经》）地理书之冠，亦为未久核实定名，实则小说之最古者尔。
>
> ——《四库全书》

《山海经》中，以山河物产为主要记述对象的部分称"山经"，这个"山"字，指山峰、山地、山脉，它构成了《山海经》自然资源分布和神话体系的地理坐标系，而山就是地理的、自然的分界；以域外方国为主要记述对象的部分称"海经"，这个"海"字，不是海洋的"海"，而是四海八荒的"海"，指的是华夏民族统治区以外的、夷狄所生活的、在华夏民族看来未经开化的荒蛮野地，所以海是人文的、文化的分界。《山海经》的五篇《山经》，有着统一的、程式化的叙事结构。五篇《山经》的开篇均写为"某山经之首曰某山"，之后以每座山为一小节，小节的开篇又均写为"又向某方向×里曰某山"，之后依次介绍该山中的矿产、动植物和农作物资源；幽魂灵怪，以及发源或流经该山的河流或该山水系所属的河流流域，如无则不表。与古代正规的地理著作相比，《山海经》有着鲜明的特征，即其叙事采用的是第一人称，其所记载的历史地理信息有着被省略的主语。在《山经》部分的五篇文章中，这个主语的存在显现得尤为清晰，如《山经》部分中反复提及的"又东××里曰某山""又南××里曰某山""又西××里曰某山"和"又北××里曰某山"等，其释意是"再向某个方向走××里的地方叫某山"。由此可见，《山经》部分的叙事是以这一被省略的、被用作主语的人物的足迹作为叙事线索的。《山海经》这本书以第一人称的视角记述了某个人游历神州的见闻，它将此人所途经的山脉、河流及其主要物产，域外方国的经济业态和文化特征详细地记录下来，并以行经的顺序为基础，又参照了山脉的走向和河流的流域，将以上内容加以编次，从而成书。

四库本的《山海经注·提要》中说，《山海经》这个名字最早见于《史记·大宛传》，也就是如今所说的《史记·大宛列传》。司马迁当时只是说，《禹本纪》和《山海经》里所说的那些怪物啊，我真是不敢多说，也不知道这些书是谁写的。《列子》则说它们是大禹路上所见，由伯益了解以后——命名，然后夷坚（《列子》中作"夷坚"，《庄子》中作"齐谐"，传说中太古时的博物学家）听说后记录下来的。

《山海经》之名始见《史记·大宛传》，司马迁但云，《禹本纪》《山海经》所言怪物余不敢道而未言为何人所作。《列子》称大禹行而见之，伯益知而名之，夷坚闻而志之。

——《四库全书总目提要·山海经》

如果这样看，那么《山海经》叙事中，被省略的主语正是禹。也就是说，《山海经》一书所记载的历史地理信息是禹游

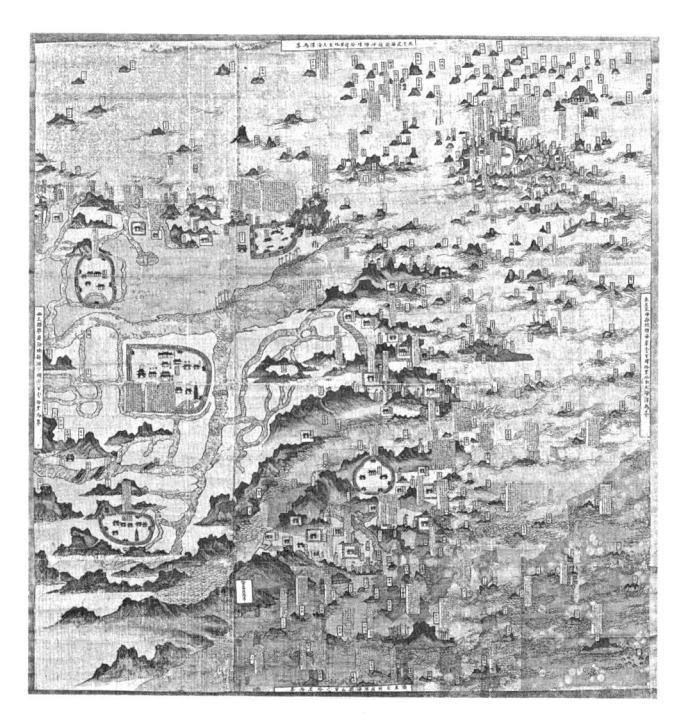

浙江宁波府属地理舆图，佚名，清代

历神州时的所见所闻。这个观点从西汉成帝河平三年（公元前26年）《山海经》首次整理编目以后就确立下来了，可以说是古代《山海经》研究领域内最重要的一个正统观点。因此，《山海经》的这个"经"字是经历、历经的意思。《列子·汤问》中，殷汤向其大夫夏革提问有关四海、四荒、四极的一系列问题，其中涉及女娲石、共工氏、颛顼、渤海、大壑、珠玕于之树、僬侥国、鲲、鹏等上古的人、神、物产和地理信息等事物，这些信息均为《山海经》所记载。而文中夏革答殷汤问，对曰："世岂知有此物哉？大禹行而见之，伯益知而名之，夷坚闻而志之。"后人据此认为禹行而所见、见而所作者，即《山海经》，并由此将《山海经》作者的"大禹说"上溯至东周列子时。根据以上记载，再根据西汉时最早整理编辑《山海经》的刘向、刘歆，以及东汉王充在《论衡》中对《山海经》的记述，古人认定，《山海经》一书的主要内容就是禹和伯益游历路上的所见所闻。而他们游历神州的行经顺序，又恰恰构成了《山海经》的叙事线索。只能说，《山海经》的成书，一定经历了一个漫长的过程，并不是一人一世之功。

> 禹别九州，任土作贡，而益等类物善恶，著《山海经》，皆圣贤之遗事，古文之著明者也。
>
> ——刘歆《上山海经表》

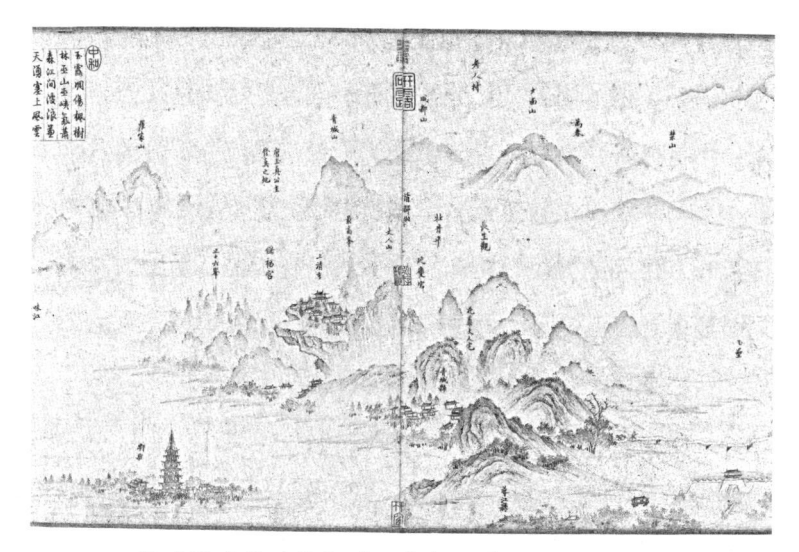

第四章　从黄帝到禹：君主时代到来了

蜀川图手卷（传）（局部），李公麟绘，北宋

《蜀川图卷》又称《蜀川胜概图》，长卷绘宋代川峡四路（今四川、重庆）的著名山岳、河流、城池风貌，且对宋代的地理名称有详细标注。

可这样的话，问题就来了。禹和伯益刚刚经历了十四年艰苦卓绝的治水，大功告成，他们为什么既不在朝堂上做高官，也不去封地做诸侯，而是要马不停蹄地游历神州呢？这个问题，还是让《山海经》自身的内容来为我们解答吧。

此前，我在编撰《山海经万物纲目》一书的时候做过一个统计，这个统计数据非常惊人。首先，《山海经》全书一共记载了1532个地理事物，包括山脉、河流、湖泊、海洋这些自然的地理事物，也包括各种方国、部落这样的人文地理事物。《山海经》的《山经》部分按照五个方位，分为南、西、北、东、中这五部，合称《五藏山经》。每一"经"都分为若干个经次，每一经次由数座至数十座山组成。山与山之间，明确标注了相互之间的方位、距离，这不只呈现了他们游历的路线，同时还表现了由多座山构成的"山脉"的走向。

《山海经寰宇全图·海外南经海外西经海外北经海外东经第九》，赵越绘，明代

另外，书里还标明了每一座山中的水源。刚才提到过，他们的考察是沿着山脉走的，所以如果按山脉来统辖山峰，比较容易实现。但是，《山经》除了使用山脉、经次的概念之外，他们还以"谁注入谁"的表述方式，明确了不同河流之间干流与支流的关系，并且将发源于不同山系的河流统辖在同一个流域之中，从而对不同河流所属的不同流域进行了归纳。四千多年前的古人竟然能够具有如此先进、成熟的流域概念，也难怪

在全球相似的大洪水记忆中,只有大禹这样一个治水的英雄。大禹是直面自然威胁的英雄,而在世界上的其他大洪水故事中,无论是《创世纪》里的好人诺亚,还是苏美尔神话中的祖苏德拉,英雄都是逃跑的英雄。洪水来了,普通人只准备了腿,而英雄提前备好了船。

我们再来看人文地理方面,《海经》部分记录了华夏民族周边,由代表华夏文明正统的唐虞分封的、尚未接受分封的各种域外方国和部落。《海经》部分在叙述边界时使用了东、南、西、北四极的概念。当然,四极的概念是错的,地球只有南、北两极,没有东极和西极。但是,这说明他们当年的队伍想要寻找世界的尽头,正在力所能及地探索整个世界,并且记载了华夏文明以外,世界上不同的生产生活方式,不同的图腾、信仰和神话传说。在这个探索的过程当中,《山海经》全书记载了七百二十五种动物、植物、矿物等自然物产,以及各地流行的疾病。《山海经》明确标记了这些物产的产地:精确到哪一座山的什么位置,是南坡还是北坡;精确到哪一条河流,是河里还是河边。禹和伯益所处的唐虞之际,中国正处于石器时代向青铜时代转变的过渡期,而《山海经》里一共记载了金石类物产四十六种,其中仅石材就有二十五种之多,这也体现了石器加工业巅峰时代高度发达的石文化。

通过《山海经》的这些内容,我们可以看出,禹和伯益的游历不是私人行为，不是游山玩水，而是一次有计划的国家行为，是一次大规模的、全国性的国土资源考察活动，也是一次对外交流和探险拓荒的特别行动。那么，这次考察活动的成果和意义都有什么？它又给中国的未来带来了怎样的改变呢？我一直在说这是一次考察活动，但活动的目的其实又不单单是考察这一项。结合当时的时代背景以及事后的历史变化，我认为，这次活动的目的，或者说最终实现的成果，一共有三个方面：

首先，对内而言，这次活动的确是为了考察全国物产，推动蓬勃发展的造物文化进步，从而大力推动国家经济发展的。归纳成一句话：摸清家底，以便人尽其力、物尽其用。禹在取代舜成为新的天下共主以后，夏后氏在建国后的短短几年的时间之内，就建立了一个史无前例的、以夏后氏为主导的朝贡体系。在这个体系内，夏后氏调动了其政治影响力可及的地理空间内的各个氏族、方国，转运了各地丰富的物产为己所用，这才在公元前21世纪就使中原华夏集团迈进了青铜时代的大门。如果不是在建国以前就充分完成了国土资源的考察，这个朝贡体系也不可能随着国家的建立就立刻搭建起来，那么夏朝这个崭新的王朝也无法实现"出道即巅峰"。

第二点，对外而言，这次考察活动其实还兼具着重要的外交使命，力图广泛开展政治文化交流，扩大正统王朝的政治影响力。当时的中国是部落方国联盟式国家，唐虞之际，国家真正依靠的政治力量主要来自华夏集团内部和东夷集团内部，而对臣服于华夏集团的周边夷狄部落和夷狄联盟来说，国家的政治、文化的影响力还很弱。文化是传播的文化，传播是文化的传播，而传播的主体是人。在更广阔的地域内传播先进的华夏文明，加快周边夷狄的汉化速度，从而扩大自身的文化政治影响力，这是顺应历史发展的积极举措。有些人总是将古代中国和闭关锁国的国策天然地紧密相连，认为持有农本思想、发展小农经济就必然要执行闭关锁国的政策，其实不然。中国古代有很多开放的时代，甚至可以说，每一个真正的盛世，每一个伟大的帝国，都得益于与域外文明的相互成全。这是中原华夏集团在禹的主导之下，从四方夷狄、域外方国得到的物质财富之外的精神财富。至于这些精神财富是什么，它们是以怎样的形式表现出来的，在后面夏后氏建国的时候本书再详细介绍。

《山海经》的地理边界，甚至不是旧大陆的海岸线，而是四方四极。客观上说，地球是圆的，朝任何一个方向走，也走不到世界的尽头。但参照洪荒时代人们的智力、物力、财力水平，结合《山海经》中对朝鲜、日本、越南、印度以及两河流域的记载，我们可以想见，大禹想要考察的范围不只是中国，想要沟通的域外文化也不只局限在东亚、东北亚，而是距今四千多年前，华夏文明力所能及的整个世界。这种超大规模、超广范围的考察活动背后，显然需要强大的国家力量的支撑。而它所体现的正是唐虞之际大洪水被成功治理以后，华夏文明爆发出的空前的自信心，以及对世界抱有的极大的好奇心和进取心。近两千年以后，司马迁称张骞通西域是中国历史上的凿空之举，可在我看来，大禹和伯益的这次国土资源考察活动，才真正称得上凿空之举。

另外，我认为这个成果本身还发挥了一个改变后续中国历史的附加效应，那就是极大地增加了禹的个人威望。依前文，大禹治水发生地是伊洛河流域。大禹于华夏集团、华夏文明有再造之功，但他治水的恩德只施加于华夏集团内部。可是通过这次考察，外部的夷狄、接受正统王朝册封的其他方国和部落也感受到了他的威德，所以客观上，这为他个人后来的即位，以及整个夏后氏成为天下共主起到了至关重要的铺垫作用。

以上是这次考察活动对内、对外的两方面成果。这两方面的成果是由《山海经》的内容直接提供的。除此以外，我认为这次考察还有一方面的成果，对中国古代的政治史影响也格外深远。这一点我们要结合另一个文献——《尚书·禹贡》的记载来分析。

第四章 从黄帝到禹：君主时代到来了

戈鼎，商代

我们知道，中国有很多别称，其中有一个叫"九州"。而今的中国称"九州"，就出自《尚书·禹贡》的记载。相传，禹划天下为九州，制九鼎，象征九州。这九州也就是冀州、兖州、青州、徐州、扬州、荆州、豫州、梁州和雍州。目前，我们暂且不用关注这九州分别在哪里，以及它们的边界如何划分，我们只需要知道一点：禹分全国为九州的这一改革措施，是对国家行政区划提出了理论构想。当然，这个构想离真正实施、真正发挥实际作用，可能还差着两千年。大禹分全国为九州的依据是什么？山脉、河流，就是九州划分的边界和依据。显然，这些也是这次国土资源考察中的收获。

8. 尧舜禹的禅让之谜

前文提到"三皇五帝"这一段时期黄帝及其后代君主的世系时，大概做了这样一个简要的排序：黄帝—少昊—颛顼—帝喾—尧。这是《十八史略》排出来的。这个顺序本身没有错，但它只能算是帝王排序，算不上完整的帝王世系，因为如果从黄帝算起一直到尧，真正在位过的君主至少得有七个，依次是：黄帝—黄帝的长子少昊—黄帝的次子昌意—黄帝的孙子、少昊的侄子、昌意的儿子颛顼—少昊的孙子帝喾—帝喾的长子帝挚—最后才传到了帝喾的儿子、帝挚的弟弟帝尧。这么看可能仍然不直观，那么将人物名省去，直接看人物身份的关系，其实就是：爸爸传给了儿子—儿子传给了自己的弟弟—弟弟传给了自己的儿子—儿子传给了叔叔的孙子—孙子传给了自己的儿子—儿子最后传给了自己的弟弟。

历代帝王圣贤名臣大儒遗像·少昊金天氏，佚名，清代

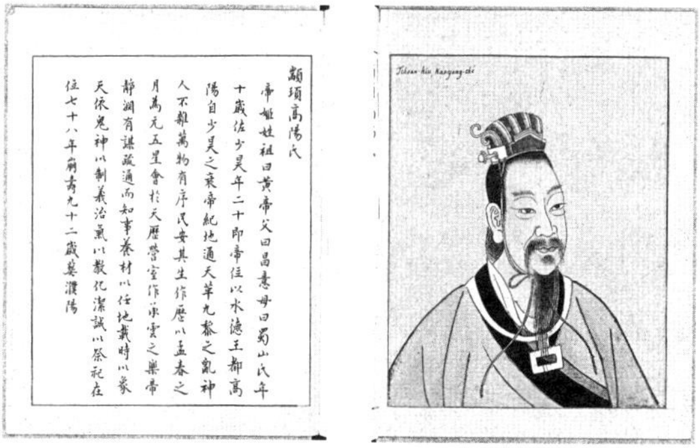

第四章 从黄帝到禹：君主时代到来了

历代帝王圣贤名臣大儒遗像·颛顼高阳氏，佚名，清代

历代帝王圣贤名臣大儒遗像·帝喾高辛氏，佚名，清代

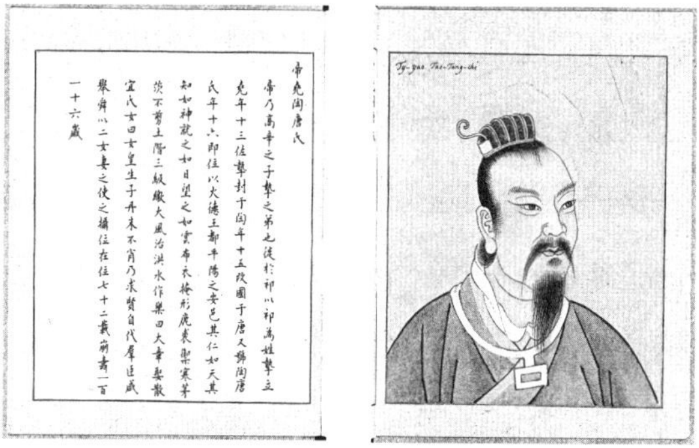

历代帝王圣贤名臣大儒遗像·帝尧陶唐氏，佚名，清代

这样一看就清楚了，中国古代的世袭制度包含两种方式，一种是"父死子继"，一种是"兄终弟及"。在西周以后，"父死子继"是历史的绝对主流，"兄终弟及"只是偶发情况。而刚刚我们讲过的这七位，就把这两种方式转着圈儿地都用了。显然，这样的花式传位在后世的历史中可谓闻所未闻。而出现这种情况的原因，我认为无外乎两点。

其一是国家层面的世袭制刚刚出现，还很不成熟，尚且处于摸索和完善具体细则的阶段。可能有人认为：不对啊，世袭制应该早就有了，因为原始氏族社会内部的权力继承就一直是世袭制。无论是母权社会的母传女，还是父权社会的父传子，世袭制本身并不新鲜。是的，原始社会单纯基于血缘的世袭，在氏族内部是没有问题的。因为那时所谓的"社会"只是氏族内部的，家族里的人没意见，外人自然没意见。但到了此时，国家初建，国君之位由谁来继承，这已经不仅是轩辕氏内部的问题了，因为新任的君主必须得到四方诸侯的认可，同时也要得到中央官僚体系的认可。也就是说，黄帝建国，四方诸侯和官僚体系认可黄帝个人是一回事；可真正认可最高权力永远在同一个家族中世袭，这就是另一回事了。因此，君主及君主家族与作为新兴官僚而迅速崛起的中央官僚体系之间的矛盾，就成了初建的国家统治阶层内部最大、最深刻的矛盾。这是内部的矛盾。这个矛盾需要一种制度去调和，这个制度就是世袭

第四章 从黄帝到禹：君主时代到来了

制，而不是禅让制。总之，从黄帝至尧的这段时期，正是国家层面世袭制的实验期。

原因之二，上一讲已经讲到，东夷和华夏形成了长期的对抗和抗衡关系。黄帝建立的这个国家虽然有了政府，但这个政府可不是后世强大的中央政府，这个名义上统一的国家仍然是部落方国联盟式的，国君是天下共主的国君，而不是我们通常理解的，秦汉以后依靠郡县制统治天下的封建王朝的皇帝。所以这样的国君仍然给人一种"皇帝轮流做，明日到我家"的感觉。虽说从少昊到尧的五代国君都是黄帝的后裔，但他们明显出自黄帝的长子少昊一族和次子昌意一族。王位在两个古族之间不断易手，也体现了东夷与华夏之间势力的此消彼长。无论是少昊族的世袭还是昌意族的世袭，他们彼此之间的矛盾都是国家外部的矛盾。

那么，既然无论在部落联盟的内部还是外部，无论是内政还是外交，全都矛盾重重，为什么还要将氏族社会的世袭传统纳入国家的政治法则当中？国君自有私心，世袭维护的是他自家的政治权力。但是国家层面、官僚体系层面，为什么也会认可同样的制度呢？因为国家政治权力的世袭，保障的其实是社会经济权利的继承，是财富的私有化。为了回答上面的问题，我用一个比喻来说明这其中的历史变迁，我把它称作馒头之喻。

假如一个人吃一个馒头,才能不饿死。最初,这个世界上有三个人,但只有两个馒头,怎么办?历史的唯一选择是,其中两个人合伙起来杀掉第三个人,然后均分两个馒头。绝对平均与人所处的文明进程无关,只与人口和馒头的数量有关。这是私有化的第一个阶段。但这之后,随着生产力提高,世界上仍然只有两个人,但多出了一个馒头,有了三个馒头,怎么办?一定是一个人拿两个,另一个人只拿一个,多出来的那一个馒头就叫作私有化。这个时候,绝对平均消失,少拿馒头的那个人会甘心吗?

孟子曰:"不患寡而患不均。"拿一个馒头并非不够吃,但这个结果不够公平。分到一个馒头的人想要公平,就要挥舞拳头。如果输了,他只好继续只拿一个馒头,任凭别人拿两个。当然,如果他赢了,两个馒头自然就是他的了,别人就只能拿一个了。但问题是,无论这个想要公平或者想要馒头的人赢了还是输了,最终只会是一个人拿走两个馒头,只给另一个人留一个馒头,除非社会的生产力提高或倒退,除非参与劳动和分配馒头的人口增加或衰减。但无论这二者怎样变化,人与馒头的关系,永远只有两种:一种是人口比馒头多,此时多出的人口被消灭,馒头均分,这是人类历史的周期性归零,是历史的非常态;另一种是馒头比人口多,有人多拿了馒头,有人少拿了馒头,少拿的想要多拿,多拿的不想少拿,一番争斗以后，依旧还是会有人多拿，有人少拿，这是人类历史的周期性增长或衰退，是历史的常态。那么这样看，在占据绝大多数时长的常态化的历史中，既然肯定会有一个人多拿、一个人少拿，那么如何维持二人之间的平衡关系，降低挥拳头的频率，将造成社会生产衰退的因素控制到最少？这就是人类在漫长的历史演进中不断提升的分馒头的智慧。现代社会的人普遍认识到，法律、法制是维持文明成本最低的、性价比最高的手段。但回到太古史，回到古代史，从氏族社会走出的原始先民，中国的第一个公民、黄帝的子民能够采用的手段只有一个，那就是集权，是专制。因为政治集权虽然成本高，但效率也高。将政治权力集中在极少数人的手中，才能保证少数人拿走两个馒头，而想要这些拿走两个馒头的人的子孙后代也能拿走两个馒头，最好的选择当然是让权力长久集中在那极少数人的子孙后代手中。因此，政治上的世袭保证了经济上的继承，从本质上，保障的就是那多出来的一个馒头。所以，从黄帝将王位传给少昊的那一天起，世袭制必然成为历史的主流。而且，我们可以更进一步地说，纵观人类历史，也只有当法律可以完全保护私有制、私有财产的那天起，政治上的世袭制才会真正消亡。

以上就是我基于馒头之喻的历史反思。但是这其中有一点，看似是罔顾"史实"的。有人可能会问，既然黄帝传位少昊以后，世袭制已经成了历史主流，那五帝时代后期，尧、舜、禹的禅让又该怎么说？太古时期的权力交接方式难道不该是禅让制吗？接下来，我们就来破一破太古史中最大的历史迷案——尧、舜、禹的禅让之谜。

三国赤壁之战以前，孙权的臣下大多劝孙权投降，只有鲁肃说了这么一句话："今肃可迎操，将军不可也。将军迎操，欲安所归乎？"这句话说到了孙权的心坎里了：臣子可以投降，君主却万万不能投降，因为臣子投降了还可以做臣子，而君主投降了，无处安置啊。纵观历史，像隋炀帝那样身死国灭，是多数亡国之君的下场。他们昏庸、暴虐，杀人无数，被杀也是咎由自取；偶有些愿意苟且，且侥幸偷生的，有北宋的徽、钦二帝，他们的前半生穷奢极欲，最终受尽凌辱而死，反倒因悲惨的结局落得后人的同情。这样的下场，都不算太糟。亡国之君中，有一类下场最糟：他们一生兢兢业业、励精图治，甚至在自己治下开创了击壤鼓腹、康衢之谣的盛世，可等到年老力衰时却被他人兵不血刃谋夺了江山，死前还极尽屈辱，死后沉冤也不得昭雪。那么历史上，如此倒霉的君主是谁呢？

他就是太古唐朝的君主，五帝之四——帝尧陶唐氏。

帝尧陶唐氏以前，黄帝至尧之间有至少七代君主的权力交接，方式都是世袭制，可根据秦汉以后的以《史记·五帝本纪》为代表的正史的相关记载，尧在位七十年以后，得到了一位

第四章　从黄帝到禹：君主时代到来了

一位名叫舜的英才。又过了二十年，尧觉得自己老了，决定退位，就让舜代替自己行使管理天下的权力，把国家的政务交托给了舜。也就是说，尧在舜入朝为官之后的第二十年，举行了禅让典礼，将最高权力主动移交给了舜。等到舜即位以后的第二十八年，当时已经退位的尧驾崩了。

我们姑且忽略尧那可以轻而易举地打破吉尼斯长寿纪录的年龄（因为尧不可能活那么多年），来看看尧舜权力交接的逻辑关系。尧主动把国家权力交托于舜，这是秦汉以后官修正史全面采信的历史事件，同时，它也被认为是太古禅让制存在的证据。更有人进一步提出，太古时期的民风格外淳朴，君王一个比一个高尚，所以这个时期的权力交接统统都是禅让制。天下不仅是有德者居之，还是有德者让之。任何一个君王老了，都会挑个青年楷模把王位传给他。尧、舜、禹是这样，甚至黄帝传位颛顼、颛顼传位帝喾等这些父亲传儿子、儿子传孙子、哥哥传弟弟这种明显的世袭

帝尧像（传），马麟绘，宋代

玉琮（cóng），陶寺文化

《周礼·大宗伯》云："以黄琮礼地。"琮，是一种内圆外方筒型玉质礼器，象征土地与王权。此玉琮出土的遗址，即山西省襄汾县陶寺村南的陶寺遗址被认为是唐尧时期的王城。

行为也不是世袭，同样是禅让。这种传位给自己亲戚的禅让叫内禅，因为举贤不避亲。这就好比说，小明的爸爸老了，打算把房子过户给小明，儿子继承爸爸的房产天经地义，但小明爸爸却说，自己要把房子过户给小明，不是因为小明是自己儿子，而是因为小明有德，普天之下只有他的品德才配得上这套房子。

这样的说法太滑稽了。内禅的说服力，比父死子继差太多了。因此，内禅不应叫禅让，而明明就是世袭，这几乎是个公论。那么，外禅呢？禅让给外人总该叫禅让吧？

如果真像《史记·五帝本纪》里说的，尧心甘情愿把国家权力交给了舜，那确实是禅让。但问题是，尧会把国家权力主动禅让给舜吗？舜又有没有可能是唐尧朝末年国家权力继承者的合法人选？我认为，舜完全不符合合法继承人的基本条件，我们看一看舜的身世，就会明白所谓主动禅让的说法真是漏洞百出。

根据《史记·五帝本纪》的说法，舜的本名叫重华，他的父亲叫瞽叟（gǔ sǒu），瞽叟的父亲叫桥牛，桥牛的父亲叫句望，句望的父亲叫敬康，敬康的父亲叫穷蝉。穷蝉的父亲是颛顼帝，而颛顼的父亲是谁，是黄帝的次子昌意。昌意代表的是中原河洛地区的华夏集团。而帝尧是帝喾的儿子，帝喾可是黄帝长子少昊的孙子，而少昊代表的是东夷集团。华夏集团和东夷集团的对抗是太古至夏商这段历史的一条主线，二者的实力此消彼长，分别在自身集团内部以世袭的方式实现权力交接，然后在集团外部一争高下，由强者获得天下共主的地位。少昊和颛顼之间、颛顼和帝喾之间的权力交接都采用了这样的方式。可如果说尧是主动自愿地将权力移交给舜的，那就实在说不过去了，因为这违背了尧所在的东夷集团的核心利益。

此外，更加直观的一点是，我们从舜的世系上不难发现，舜的黄帝八世孙的身份相当可疑。颛顼之子穷蝉以后，敬康、句望、桥牛和瞽叟这四位，全都没有可靠的世系佐证、身份佐证，除了作为舜的先祖人名依次出现以外，这些人是干啥的，跟其他人有什么关系，与谁产生过血缘、亲缘上的交集，等等，任何记载都没有。也就是说，只能确保这四人和舜有血缘关系，却无法确保他们真的与穷蝉有血缘关系。

身份最可疑的人是谁呢？我们来看一看舜的父亲吧！

这个人的名字居然叫瞽叟。瞽是什么意思呢？就是眼睛看不见了。叟是什么意思呢？就是老头儿、老大爷。也就是说，按照今天的理解，"瞽叟"完全就是一个外号，而且还是一个贬义十足的外号，一个蔑称。往好了说，叫"瞎老头"，往坏了说，就是"老瞎子"。舜的父亲，正史竟然堂而皇之地将其称作老瞎子，这么看起来，舜的出身是不是比明太祖朱元璋还不如呢？

朱元璋的爷爷叫朱初一，生了两个儿子：老大朱五一，老二朱五四。朱五一和朱五四又分别生了四个儿子，按照年龄大小排行，最大的叫朱重一，最小的朱元璋就叫朱重八。明太祖

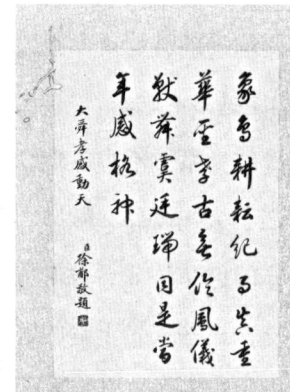

二十四孝册·大舜孝感动天，仇英绘，明代

的祖上是又贫又贱，元至正四年（1344年），有一场蝗灾、一场旱灾，一家八口人能饿死四口，所以起名字跟开玩笑似的。但帝舜可是号称贵族啊，而且攀附的还不是一般的贵族，他说自己是颛顼帝的六世孙。刘备也号称自己是皇族后代，他说自己是汉皇将近二十代的玄孙，因家道中落，故织席贩履，这说法还比较可靠。但舜的父亲出生的时候，距离颛顼在位应该还不超过一百年，名字就取得如此随意了。我们要知道，汉高祖以前的中国社会可是名副其实的贵族政治。你可以想象一个贵族要把王位禅让给另一个"贵族"，而这个"贵族"亲生父亲的名字被正史记作"老瞎子"吗？即便那位想要禅让的贵族是真心愿意，其他的贵族能欣然同意吗？

《史记·五帝本纪》还讲了一些舜的原生家庭的情况，他的家庭不是不堪，简直可称恐怖。据说，舜的父亲瞽叟在舜的生母死后又娶了一个妻子，这个后妈又生了一个儿子，名字叫象。

> 舜父瞽叟盲，而舜母死，瞽叟更娶妻而生象，象傲。
> ——《史记·五帝本纪》

象的口碑非常不好。舜即位以后把他分封到了有庳，也就是今天的湖南省永州市零陵区。象在当地暴政虐民，而且招惹周边的方国。后来，他惹到了先商时期中国西南最强大的一个国家，叫巴国。这个巴国是什么来头呢？有学者考证后认为它是土家族的祖先。巴国盛产盐，所以非常富有，而且存续时间非常长，横贯夏、商、周三代。我从《山海经》中整理出四个古族的谱系，其中两个是华夏的，另外两个是非华夏的外族，其中之一就是巴国谱系。这传递了一个重要的信息：巴国并不是一个城邦制小国，而是一个地域性国家。它的影响力和地盘虽然始终比不上唐、虞、夏、商、周等正统王朝，但是在西南地区却具有充分的影响力和强大的势力，对比周边的城邦制小国，其势力绝对是碾压式的。可想而知，有痹氏跑去招惹巴国，凶多吉少。因此历史上，舜是没有旁系后代的。夏朝以后，只存留了河南商丘一代的有虞氏，也就是古虞国这一支。《山海经》里有一个巴蛇食象的神话，有人说巴蛇是蟒蛇，象是小象，蟒蛇吃小象就是巴蛇食象。

> 巴蛇食象，三岁而出其骨。君子服之，无心腹之疾。其为蛇青、赤、黑。一曰黑蛇青首，在犀牛西。
>
> ——《山海经·海内南经》

有一条巴蛇吃了一只大象，三年以后才吐出象的骨头。君子服食巴蛇，可以不得心脏和肚腹的疾病。巴蛇青色、红色、黑色相间。有一种说法是它的身体是黑色的，却长着青色的头，位于犀牛栖息地的西方。

其实不然，巴蛇食象隐喻的是巴国灭象之战。为什么是"巴蛇"呢？因为巴国以蛇为图腾，"巴"其实就是"蛇"。这也是成语"贪心不足蛇吞象"的出处。而被巴国灭掉的象显然是一个昏君，他之所以昏庸、肆意妄为、天不怕地不怕，敢以小国有痹去招惹强大的巴国，也和他的原生家庭息息相关。

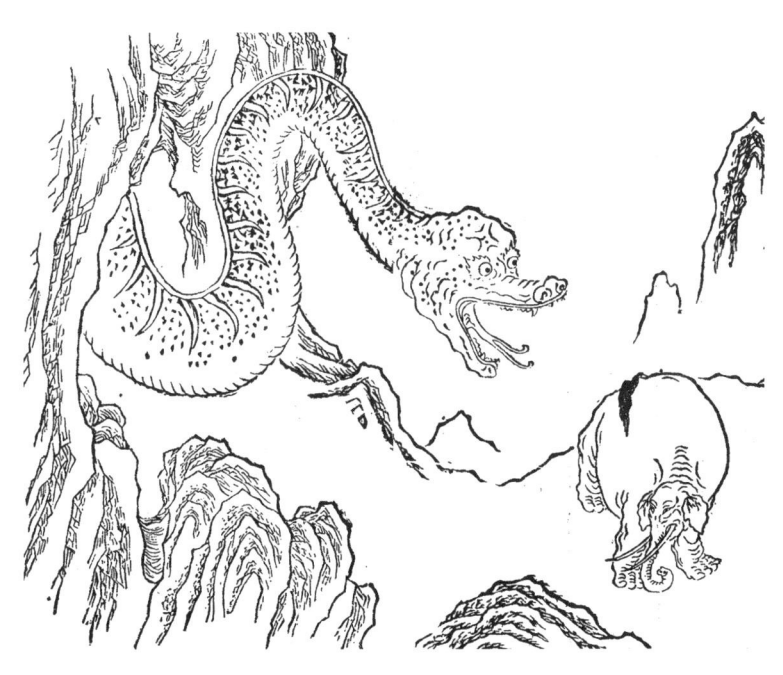

巴蛇食象，蒋应镐、武临父绘，明代

象是瞽叟二婚生的儿子，舜的这位后妈娇惯自己的儿子象，对前任生的舜百般虐待，舜只要犯一点儿小错就会遭到重罚。最可怕的是，舜的亲生父亲也觉着舜碍眼，竟然经常谋划把舜给杀了，但因着各种机缘巧合，舜每次都躲过去了。

> 瞽叟爱后妻子，常欲杀舜，舜避逃。及有小过，则受罪。舜事父及后母与弟，日以笃谨，匪有解。
>
> ——《史记·五帝本纪》

有人说，幸福的人用童年治愈一生，不幸的人用一生治愈童年。这话说得很有道理，在虞舜朝的历史中，我们其实也能看到舜原生家庭的影子。

我们换个角度想，如果我们是舜，我们能像史书中所描绘的舜那样，去以德报怨，真心孝顺父亲和继母，真心友爱继母的儿子吗？恐怕我们做不到，但儒家却说，你们做不到，舜可以。那舜到底能不能做到呢？要我说，舜也不能。否则，他会把象分封到有痹这个如此偏远的西南边陲吗？舜自己都成天下共主了，华夏也好，东夷也罢，哪儿找不出一个地方分封自己的亲弟弟呢？非得给他封到有痹去吗？对先秦的分封制而言，我们完全可以从封地的位置、开化程度和战略意义上看出被分封人的政治地位和他在君主心中的位置。越重要的人，封地离王朝越近；如果远，那肯定是当地经济非常发达或者战略意义很重大，真是替君主分忧去了。但有痹这个地方绝对是又偏又远，而且可有可无。更何况，如果没有舜的默许，巴国敢直接出兵把有痹灭了吗？他们敢直接把象杀了吗？我们知道，太古也好，夏、商、周也罢，战国以前，无论是天子与诸侯之间，还是诸侯与诸侯之间，并不流行歼灭战，君主兵败，也不一定意味着就会被杀。但所有的"不一定"在象的身上都成了"一定"，这就不能不令人怀疑了——舜根本就是在借巴国之手谋杀自己的弟弟。他恨象。我想，这才是人之常情。他一面恨不得自己亲手杀了象，另一面又极力维护自己孝子、友兄的形象。因此从象的分封与下场我们可以看出，舜是一个虚伪、刻薄、寡恩、有仇必报的人。历史上真实的舜，似乎也并不符合儒家为圣贤明主勾勒出的公共脸谱。

舜出生、成长的家庭不堪如斯，即便真有贵族血统，也没落得相当彻底。而这一切悲剧的缔造者——那个喜新厌旧的老瞎子，想把亲生儿子亲手杀死的老瞎子——他会是一个老绅士、老贵族吗？他分明就是一个老浑蛋啊！

因此，舜通过禅让得权的历史记载从逻辑上完全站不住脚。即便禅让制这种制度真的存在，那么舜既缺乏被禅让的基本合法身份，又达不到被禅让的基本道德标准。舜通过禅让上位的大门已经被彻底封死了，他又是如何登上王位的呢？

《史记正义》引《竹书纪年》说，尧晚年时，舜把尧秘密囚禁在了偃朱（zhū），夺取了帝位。当时，尧的儿子丹朱被分封在外，舜千方百计地阻止丹朱回朝朝见，使他们父子不能相见。

> 《竹书》云："昔尧德衰，为舜所囚也。又有偃朱故城，在县西北十五里。竹书云舜囚尧，复偃塞丹朱，使不与父相见也。"
>
> ——《史记正义》

这段记载明确了舜囚禁尧，然后篡位的夺权过程。舜把尧囚禁在了哪里呢？《竹书纪年》说在偃朱，也就是今天的山东省鄄（juàn）城县境内。舜是不是真的通过篡位夺取的权力呢？我们虽然有充分的理由怀疑尧禅位给舜的真实性，但仅凭《竹书纪年》的一面之词，似乎也不能认定舜就是篡权得位的。因此，我们还需要一个有力的铁证。这个铁证，《竹书纪年》也提到了，他就是丹朱。

丹朱是尧选中的王位继承人，是尧的儿子。我们知道，自黄帝建国以来，王位已经在黄帝的后代中传递了至少六次。从身份上看，丹朱明显是符合世袭制的合法继承人。尧想要舜即位，是不合乎制度要求的。而且，先秦的很多史料中都出现了帝丹朱的称谓。比如《山海经·海内北经》就说道："帝尧台、帝喾台、帝丹朱台、帝舜台，各二台，台四方。"丹朱的祭祀台和帝尧、帝喾、帝舜三人并列，称谓上并列，规格、形制上也相同。《山海经·海内南经》中说："苍梧之山，帝舜葬于阳，帝丹朱葬于阴。"丹朱和舜，在此处位置又是并列的。在《山海经》中，"帝"这个尊号没有乱用的先例，凡书中称之为"帝"的，史上必然称过"帝"。所以说，历史上的丹朱称过帝，他的帝位理所应当传自于尧。一国不容二主，尧再传位于舜，就不可能了。而既然丹朱称帝，舜又是如何篡夺帝位的呢？

我们要知道，这个时期的大一统国家不等同于封建制的大一统国家。此时国家的国君是天下共主，需要天下的部落共同认你做国君，而不是只一个中央官僚体系认你做国君就行了。因此，尧传位于丹朱，丹朱可以称帝，但天下的部落未必会认可他。唐尧末期，可能随着年龄的增长，尧对国家的掌控力不断下降。舜是尧器重的臣子，尧甚至将自己的两个女儿都嫁给了舜，但舜借机囚禁了尧，控制了唐尧集团的中央政府，并且以尧的名义，拒绝让分封在外的长子丹朱回京朝见。《史记》所说的丹朱不肖，纯粹是欲加之罪，因为并不是丹朱不想回京，而是舜假借尧的旨意不让丹朱回京。之后，帝尧驾崩，丹朱就只能在封地即位，而即位后的丹朱无论年龄、能力、资历还是威望都比不过舜,所以既没能继承唐尧集团,又无法让天下的诸侯臣服于自己。于是,舜将丹朱放逐,篡夺了王位。

《尚书》和《史记》都称舜的一大功绩是他在位期间平叛四罪之乱,这四罪就是共工、三苗、鲧和驩兜。其中的驩兜正是被流放以后的丹朱国人。试想,如果没有舜的篡位,世间就该只有丹朱国,而不该有驩兜国。而且,如果舜是通过禅让得权的,驩兜国又何苦反叛呢?另外,在神话方面,帝舜篡位流放丹朱的历史,也是有充分体现的。《山海经·南山经》中记录了一种怪鸟,名为鴸(zhū),酷似鹞鹰,人足鸟面,见则多放士。丹朱是尧的儿子,是少昊金天氏的玄孙,前文提到过,少昊代表的是东夷体系,而东夷文化以鸟为图腾。《南山经》中这个怪鸟鴸的神话隐喻的正是舜流放丹朱的历史。

> 南次二山之首曰柜山……有鸟焉,其状如鸱而人手,其音如痺,其名曰鴸,其名自号也,见则其县多放士。
>
> ——《山海经·南山经》
>
> 南山第二次的首山叫柜山……山中有种怪鸟,酷似鹞鹰却长着人一样的手,它的声音像雌性的鹌鹑,它的名字叫鴸,它的叫声和它的名字发同一个音,它出现在哪个县,哪个县的名士就会被流放。

《山海经》诞生于大禹治水之后禹和伯益主持的国土资源考察活动，这个时代离舜篡位后流放丹朱，以及平驩兜之乱、四罪之乱等历史事件还不算久。一方面，帝尧集团内部和天下部落都选择拥护了在政治上能力更强的舜，而非在政治上身份更合理的丹朱；另一方面，《山海经》，特别是其中的《五藏山经》显示，禹和伯益作为当时的舜的臣子、后世的天下共主和国家执政官，以神话形式隐晦地表达着对帝丹朱结局的怜悯和同情，这足见当时社会在政治上的巨大撕裂。人们既认同舜的统治，但又不愿意接受舜篡位夺权、破坏世袭制度的事实。

《怪奇鸟兽图卷》（局部·鵸），佚名，日本

总之，舜的这一系列行为相当没节操、没下限。我们不禁会问，一个为了谋夺最高权力而毫无道德约束的人，可能心甘情愿地把权力拱手让人吗？《史记·五帝本纪》中，尧、舜、禹的禅让是绑在一起的，既然尧的禅让根本不存在，那舜的禅让存在吗？

恐怕也不存在。

《史记·五帝本纪》中说，舜即位后三十九年到南方巡视，在南方苍梧的郊野逝世。舜自己的儿子商均不成材，所以舜就昭告苍天，把王位禅让给了禹。而在《竹书纪年》中，我们照例又看到了另一番解读，舜原本想把王位传给自己的儿子商均，但他晚年被大禹放逐到了南方，死在了苍梧之野。这样的记载同样可以在《山海经》中找到旁证，而且相当多，比如《山海经·海内南经》称："兕在舜葬东，湘水南。"兕是独角亚洲犀，"五帝"时期中国的气候比现在更温暖，犀牛广泛分布于长江流域。这句话的意思是说，犀牛的栖息地位于舜墓葬的东方、湘江的南方。《山海经·大荒南经》中说："苍梧之野，舜与叔均之所葬也。"即苍梧之野是舜和叔均墓葬的所在地。《山海经·海内经》也提道："南方苍梧之丘，苍梧之渊，其中有九嶷山，舜之所葬，在长沙零陵界中。"还有最为重要的一处，《山海经·海内南经》中说："苍梧之山，帝舜葬于阳，帝丹朱葬于阴。"也就是说，苍梧山的南坡葬着舜，北坡葬着被他谋夺了王位的尧的儿子、他的大舅哥丹朱。苍梧山、九嶷山，在今湖南省永州市宁远县。这个地方对于当时以河洛平原为文化中心区的华夏文明而言相当遥远。《山海经》所记载的地理信息代表了唐虞之际华夏文明眼中的整个世界，而《山海经》中，除了印度之外，旧大陆东岸最靠南的三个地理位置依次是交胫国，位置在今天的越南北部；儋耳国，位置在今天的海南省西部；然后就是苍梧山、九嶷山。我们发现，记载舜葬位置的都在《海经》部分，而《海经》部分所记录的地方不属于华夏文明的文化范畴，也不是华夏集团的政治范围，而是四方夷狄所居住的地方。试想，如果不是被流放，舜为何要拖着年老之躯去如此荒蛮的地方巡视呢？这样的地方有什么可巡视的呢？

天下名山图·九嶷山，佚名，清代

由此可见，禅让制从未也不可能出现在真实的历史当中，因为无论是太古史还是古代史，只有世袭制才能分配多出来的那个馒头。而所谓的禅让制，看似美好，其实不过是孔子为了托古改制而编造的一套说法而已。

　　历史的车轮滚滚向前，传说中的虞舜被夏禹取代，禹集黄帝曾孙昌意一脉的清晰血统，治水救亡、再造华夏的千秋功业，拓荒寰宇、恩服万邦的王道荡荡于一身，顺理成章地成为了继"三皇五帝"之后中国历史上又一位天下共主。由此，"五帝"时代的四个话题全都终结。这以后，中国古代史将进入第二个历史分期，古人眼中国历史的高光时刻——三代。

图书在版编目(CIP)数据

写给青少年的中国上古史：神话时代与中华文明起源 / 刘滴川著. — 杭州：浙江人民出版社，2024.8
ISBN 978-7-213-11497-7

Ⅰ.①写… Ⅱ.①刘… Ⅲ.①中国历史－上古史－青少年读物 Ⅳ.①K210.9

中国国家版本馆CIP数据核字(2024)第109401号